JN116927

ロンドンにおける戦死者追悼と市民

「民衆の巡礼」と「市民的愛国心」

People's Pilgrimages or
the Civic Patriotism

吉田正広［著］

晃洋書房

目次

序　章

「顕彰の場」か「悲しみの場」か

――戦争記念碑の研究史

はじめに

イギリスには、第一次世界大戦に関係する様々な戦争記念碑が多数存在する。ロンドンのホワイトホールにある国家の戦死者追悼施設としてのセノタフ（図1）を頂点に、その近くの「ホースガーズ・パレード」の練兵場に面して建つガーズ・メモリアル（図2）など特定の部隊の戦死者を追悼する記念碑、さらには、各地方都市やタウン、村落の中心地に置かれた地域コミュニティの市民的な戦争記念碑、企業や学校、クラブなどに設置された個別団体の戦死者を追悼する記念碑まで、多種多様な記念碑が存在する。もちろん教会に行けば、何らかの記念碑が、教会堂の内部にも境内にも複数置かれていることに気づく。主要都市の大聖堂には、必ずと言っていいほど、地元の連隊専用の礼拝堂が、堂内に用意されている。また、第一次世界大戦中、都市で最も身近な地域コミュニティである街区の出征兵士を顕彰するために、臨時の「ストリート・シュライン」あるいは「ウォー・シュライン」が地元教会の街路に面した部分に設けられていたが、それを石造に建て換えて現在に引き継がれた戦争記念碑もある（図3）。さらに、近年では、第二次世界大戦後の再開発で壊された記念碑を再建する動きさえ新聞で報じられている。このように、第一次世界大戦後に戦争記念碑を建設しようとした当時の人々の熱意ももちろんであるが、それを保存し、将来の世代に継承しようとする現代イギリスの人々の意志とエネルギーには、すさまじいものがあるように感じられる。イギリス各地に存在するこのような戦争記念碑を、われわれはどのように理解したら良いのであろうか。本書はこの問いに答えようとするものである。

もちろん戦争記念碑はただひっそりと存在するだけではない。第一次世界大戦の休戦が宣言された日に当たる毎

図1　セノタフ

筆者撮影.

年の一一月一一日に、あるいは第二次世界大戦後はその直近の「追悼日曜日」に、何らかの追悼式典が行われている。その式典で捧げられた赤い造花のポピーのリースは、少なくとも式典後数ヶ月は記念碑の基壇に置かれたままになり、記念碑の景観の一部となる。このような式典は近年、むしろ盛んになっている。特に、第一次世界大戦一〇〇周年の二〇一四年〜二〇一八年には、通常の式典だけでなく、ロンドン塔の堀に赤いポピーをレイアウトしたアート・イベントなど、戦死者追悼のための多種多様なイベントがエスカレートしている感がある。したがって、戦争記念碑だけを考えるのではなく、そこで行われる戦死者追悼式典をも視野に入れながら、幅広い文脈の中に記念碑を位置づけて考察しなくてはならない。

イギリスだけでなくヨーロッパ各国に共通に見られる第一次世界大戦の戦争記念碑の位置づけをめぐっては、国家による「顕彰の場」か遺族のための「悲しみの場」かという研究史上の解釈の違いがある。これについては後述するが、イギリス人研究者は、第一次世界大戦の戦争記念碑を、国家のために死んだ兵士を讃えて市民にもそれを要求することになる「顕彰の場」としてだけ位置づけることはしない。まずは「悲しみの場」として遺族がそこに花を捧げて肉親の死を悼む場として位置づける傾向が強い。

本書は、イギリスでの研究状況を踏まえながら、ロンドンの戦争記念碑について、これまで筆者が少しずつ現地調査や資料調査を実施して得た様々な画像や資料も参照することで、これまで日本では必ずしも十分に研究が進んでいなかったこのテーマに挑戦しようとするものである。序章では、日本および欧米における戦争記念碑に関する研究状況を概観し、その上で第一次世界大戦の戦死者追悼に関する研究のあるべき方向性を探りたい。

さて、一九九〇年代以降、フランス歴史学における「記憶の場」の議論の紹介や日本語版の出版を受けて、日本でも記念碑をテーマに新しい歴史学の方法を模索する動きが一時期盛んになった[1]。その後は、日本における記念碑研究の多くは国民国家の枠組みの中に問題を位置づける傾向があった。それは、ベネディクト・アンダーソンによる「想像の共同体」の議論の一般化や、戦死者追悼に関するモッセの研究の翻訳などを契機に、国民国家の観点から戦争記念碑の問題を論じる傾向があったことと関係している[2]。しかしながら、欧米における戦争記念碑や戦死者の埋葬、追悼に関する研究史を一瞥すると、国民国家の枠組みを前提としつつも、地域や様々な団体、共同体を媒介に問題に接近している。特に一九九〇年代以降の欧米の研究には様々な可能性のある論点が提示されている。

ピエール・ノラの『記憶の場』に掲載されたフランスのコミューンの戦死者追悼式典を論じたアントワーヌ・プロの研究[3]は、記念碑の形態や成立事情、式典の演説を分析して、それらを共和主義の枠内に位置づけ、平和主義への可能性、社会教育の場として地域社会のアイデンティティ形成に関わるものと意義づけている。

もう一つは、ジェイ・ウィンターの研究である。ウィンター

図２　ガーズ・メモリアル

筆者撮影.

図3　セント・バーソロミュー・ザ・グレート教会入り口

筆者撮影.

は、集団としての記憶ではなく個人の記憶の観点から記念碑を位置づけ直し、記念碑を遺族による悲しみや喪の場とし、一九二〇年代から三〇年代当時における平和主義とのつながりを模索している。(4) 近年では、ジェイ・ウィンターの研究を受けて、イギリスの戦死者追悼における個人の記憶に重点を置き、その起源を古代ギリシアのアテナイに求める研究が現れている。そこでは、第一次世界大戦後の戦死者の埋葬や追悼のあり方は、戦死者の名前を記念碑に刻む古代ギリシアのアテナイの戦死者追悼の影響を強く受けていたことが強調された。これはパブリックスクールでのエリートの古典教育を背景として、戦争墓や戦争記念碑のあり方を古典学者フレデリック・G・ケニヨンなどが提言していたことと関係していた。戦時期における人文学の社会貢献、国家への「貢献」という問題にもつながる。(5)

このような研究状況の中で、イースト・ロンドンの戦争記念碑のあり方を、記念碑が建設された地域コミュニティの特性との関わりで論じたマーク・コネリーの研究(6)が注目される。この研究は、研究対象とする戦争記念碑をロンドンのシティとイースト・ロンドンに限定した上で、それぞれの地域コミュニティにおける記念碑建設運動に着目し、運動の担い手、どのような形態の記念碑の建設を求めたのか、政党との関係や政治的な動向も含めて、戦争記念碑を総合的に位置づけようとする研究である。地域コミュニティのアイデンティティと記念碑との関連性を問うものと言えよう。

以上のような簡単な紹介からも分かるように、戦争記念碑研究は、地域コミュニティのアイデンティティ形成の問題や、集団の記憶か個人の記憶かという問題、さらには二〇世紀において芸術や学問の意味を根本的に捉え直すことにもつながる、幅広い研究の射程を持つテーマなのである。本章では、日本における記念碑研究の代表的な事例を取り上げた上で、一九九〇年代以降の新しい研究の方向性を意欲的に提示しているジェイ・ウィンターの「記憶の場、悲しみの場」の議論を紹介し、戦争記念碑研究の方向性を考察したい。

1　国民の記憶、帝国の記憶
――日本における記念碑研究

日本でヨーロッパの記念碑を総括的に取り上げた研究の一つとして、松本彰『記念碑に刻まれたドイツ――戦争・革命・統一』[7]がある。松本は「記憶の場」の議論を前提として、「記憶」をめぐる論争にも言及する。松本は、「記憶」が個人的営みであるのに対し、当該研究が分析対象とするのは「記念」すなわち「集団の社会的問題であり、国家や社会が意識的に記憶を残そうとする行為」であり、記念碑に示されるのは「記念」であると主張する。記念碑は「最初から後世に残し、広く伝えるためにつくられたメッセージであり、そこには当時の人々の誇りや期待、無念や悔恨が込められている」。そのため、記念碑は「歴史的な事実を伝えている史料には違いないが、かなりのバイアスがかかっており」、「その意図も含めて『集団的記憶』を分析することが課題となる[8]」と論じている。

松本によると、ドイツの一九世紀は「記念碑の時代」で「国民的記念碑が重要」であり、その結果、ドイツ的国民文化が発見され、創出された過程であったとする。(9) ケルン大聖堂の例が挙げられている。そして、第一次世界大戦は「国民国家の時代の頂点」であり、これを体現したのが「無名戦士の墓」だと強調する。第一次世界大戦以降、「戦没兵士」は、国民国家ごとに別々に埋葬された。ベルリンとウィーンには「無名戦士の墓」はつくられなかったが、「戦没兵士」を顕彰するために「栄誉の碑」が各地に建設された。(10) 二〇世紀の大衆運動ナチズムは一九世紀以来の国民的記念碑の伝統を発展させたとして、一九世紀との連続性を指摘する。(11) 一九四五年のナチ体制崩壊とともに記念は転機を迎え、戦死者をたたえる記念碑はもはや作られず、「警告の碑」となり、民間人の犠牲者、難民や被追放者、暴力支配の犠牲者も記念されることになった。ここには、記念碑を国民国家の時代の産物とする明確な見解が示されている。

松本は、記念碑を歴史学の研究対象に正当に位置づけた上で、記念碑を研究することで、集団的な記憶すなわち「記念」の問題を明らかにすると提言する。また、モッセの研究に依拠しつつ、ドイツ近代は「国民的記念碑の時代」であり、第一次世界大戦はその頂点に達したと位置づけるのである。

イギリスおよびイギリス帝国の戦争の記憶を扱った本格的な研究として、津田博司『戦争の記憶とイギリス帝国――オーストラリア、カナダにおける植民地ナショナリズム――』(12) がある。津田は、オーストラリアとカナダの国民形成と帝国の連帯との関係性を問いながら、問題に接近する。

津田は、第一次世界大戦の経験が帝国への帰属意識と植民地ナショナリズムの双方を刺激し、戦争の記憶が帝国と国民国家の二重の文脈で語られることになると言う。津田は、二つの世界大戦の記憶に焦点を当て、イギリス本国および二つのドミニオン（カナダとオーストラリア）における帝国への帰属意識（帝国的アイデンティティとしての「帝国意識」）の変遷を探る。大戦間期以降のイギリス帝国を横断する連帯意識がいかにして維持され、その凝集力がなぜ最終的に失われることになったのか、という問いを立てている[13]。

津田は、ジェイ・ウィンターの「記憶の空間」の概念を敷衍して、国民国家を越えて「帝国」に及ぶ戦死者追悼の広がりに言及しつつ、戦死者の追悼や戦死者の埋葬の問題を、植民地における国民形成やアイデンティティ形成の視点で論じ、国民国家の枠を越えた戦死者追悼の共同体について言及することで、国民国家の枠を越えようとしている。

2　ジェイ・ウィンターの悲しみの文化史

戦争記念碑研究の方法を考えるに当たって、いくつかのポイントがある。筆者がその中で最も重要だと考えるのが、「悲しみの場」の議論である。ジェイ・ウィンターはケンブリッジ大学刊行の第一次世界大戦の歴史集成の第三巻『市民社会』を編集するなど、第一次世界大戦の文化史の第一人者の位置を占めている。「悲しみの場」は、ウィンターの問題提起の中で最も重要な論点であると考えられる。

ジェイ・ウィンターの『記憶の場、悲しみの場――ヨーロッパ文化史における第一次世界大戦――』は、第一次世界大戦の戦死者追悼および記念碑に関する研究において、すでに古典の位置を占めている。「悲しみの場」の言葉に込められた研究の方向性について考えてみよう。

現代ヨーロッパの統合と分裂の起点——第一次世界大戦

一九九五年という「冷戦」終結直後に書かれた本書の序文で、ウィンターは「『冷戦の』終結は、われわれを一九三九年ないし一九四五年にではなく、一九一四年に連れ戻した。今日、過去の歴史と思われていた民族的、国民的な分裂が、現在のものとなっている」[14]と述べ、一九九〇年代当時のヨーロッパの分裂と統合を推し進めた起点を、第一次世界大戦に求める。そして「戦争直後、死者の大軍に直面して、追悼の努力は通常の愛国心の通念をはるかに超えていた。そう、何百万人が自分たちの祖国のために死んだ。そのように語ることは、大戦による先例のない殺数の「意味」を探究するための始まりであって、終わりではなかった。その問題を立てることすら恐ろしく困難であり、両義性と混乱に満ち、仮説であることを余儀なくされ、無益さの断片以上のものになることを運命づけられた。しかし、そのような探究は、あらゆる交戦国において、戦争の最初の数ヶ月が過ぎ去った後、続けられた」[15]と、第一次世界大戦の戦死者追悼は通常の「愛国心」では説明がつかないものと認識する。

「モダニズム」と「伝統主義」の二分法

このような基本認識に基づいて、ウィンターは「第一次世界大戦の文化史」の二つの解釈について論じる。一つ目の解釈は「モダン・メモリー」の言語に体現され、詩や散文、視覚芸術において戦争を語る新しい言語の創出を意味するものである。いわゆる「モダニズム」に相当する。戦場を経験した作家たちは、自分たちをフランスやフランドルの戦場に送り出した年長世代の「嘘」や「大言壮語」とはまったく異なる、「直接的経験の美学」によって戦争をイメージした。このような彼らの見方は、T・S・エリオットやジェームズ・ジョイスなど戦場を経験しなかったモダニストたちの考え方と呼応した。戦争を理解するもう一つの方法は、愛国心や戦争の婉曲表現を取り入れた高揚した言葉遣い、「栄誉」や「神聖な死者」など、戦時プロパガンダの感情であり、「戦争を想像する『伝統的な』アプローチ」であった。古典主義、ロマン主義、宗教のイメージと理念であり、「伝統的な価値」に基づいていた。モダニズムはこれに対する反発でもあった[16]。

ウィンターは、以上のような通説的な二分法に異議を唱え、「モダニズム勃興の一局面として第一次世界大戦を位置づける文化史を乗り越える試み」を行う。ウィンターによると、第一に「伝統的なもの」と「モダンなもの」の間には言語や方法の重なりがあると主張する。第二に、絵画や彫刻の造形的、具象的、幻想的、自然主義的、ロマン主義的スタイルに対するモダニズムの敵対性が文化史の通説となってしまい、その通説に異議を唱えること自体が批判される状況にあるが、その通説が正しいか否か、また、その通説は第一次世界大戦の文化的影響を理解する上で有益か否かを、慎重に検討しなくてはならないと主張する。通説では、「大戦は、われわれを古い世界から解放することによって一つの世界を創出した」し、戦争は「エドワード朝時代の価値観の『衰退』を暴露し、過ぎ去ってしまったものを拒否させた」とされ、「モダニズム」の偶像破壊性が過度に強調されている[17]。

ウィンターは、伝統的な文化に対する「モダニズム」の敵対性という「通説」を批判する自らの立場を鮮明にする。ただし、モダニズムの画期性については認めている。「二〇世紀の芸術文化のいくつかの側面が革命的であることは言うまでもない。モダニズムを『美学的な計画』――芸術の基礎の探究――であると同時に『文化的な力』――同時代の事件に対する批判的で強力な批評――として認めるのにやぶさかではない。認められないのは、『モダニズム』が……一八～一九世紀の宗教的、ロマン主義的、古典主義的な伝統をきっぱりと放棄したという主張である。また、……『モダニスト』規範の外にいた人々――キップリング、ラチェンズ、ケーテ・コルヴィッツ――は、通説が主張するほど、新機軸に欠けたわけでもなかった」[18]。

ウィンターは、「モダニストとトラディショナリストの二分法を克服して、戦争とその恐ろしい結果についてヨーロッパ人がどのように想像したかについて、より洗練された正しい認識に至る」ことがその研究の目的であり、「悲しみとその私的・公的表現という具体的なテーマに関する諸相に集中する」ことによって、その目的を達成することができると主張する。(19)

ではウィンターは第一次世界大戦の文化史をどのように理解するのだろうか。ウィンターによると、大戦のもたらした死別（bereavement）を適切な言語で表現する必要があった。「モダン・メモリー」ではなく、「伝統的な」形式がその役割を果たし、遺族に死別を受け入れさせ、忘却させる手段となったと次のように論じている。

大戦の結果、喪失の適切な言語を探すことが、文化・政治生活の中心に位置づけられた。このような探究においては、古い主題が新しい意味と形式を帯びた。一部の人たちは、古典古代のストロペ〔頌歌の一部〕から新しい意味と形式を引き出した。また別の人たちは宗教的主題を明示的に詳述し、ロマン主義の形式を探究した。悲しみの表現に対応するために一八・一九世紀のイメージやメタファーが徹底的に掘り返され利用されたという重大な事実があるため、大戦は「モダン・メモリー」が別のもの、使い古され信用されなくなったもの――（同時代の人びとに従って）「伝統」と呼ぶもの――に取って代わる時代であったと理解することはどうしてもできないのである。

多くの伝統的な主題――古典主義的、ロマン主義的、宗教的な表象や概念の折衷的な組み合わせ――の持つ持続的な魅力は、大戦とその直後のヨーロッパにおける死別の普遍性に直接関係している、というのが本書の基本的な主張である。芸術・詩・儀礼など社会・文化生活における「伝統的な」形式なるものが、死別に折り合いをつけるために力を発揮した。「モダン・メモリー」の辛辣さは、混乱、逆説、皮肉といったそれが持つ多面的な意味とともに、怒りと絶望を表現するものであったが、人を癒やすことはできなかった。戦争を理解する伝統的な様式は、思想的にも哲学的にもあまり挑戦的ではなかったが、遺族が死別を受け入れて、それを忘れることを可能にするような想起の手段を提供した。[20]

悲しみの文化史

ウィンターは、この著書の第一部「破局と慰藉」第一章「帰郷——死者の帰還」では、一九一九年のフランス映画『我弾劾す（J'accuse）』を取り上げる。「自分たちの犠牲が無駄であったかどうかを確かめるために死者が起き上がって帰郷する、というこの映画の恐怖のメタファーは、現実性を持っていた。戦死者の遺体の発見や墓地への改葬、本国帰還の諸問題はすべての交戦諸国で持ち上がり、様々な方法で対処された。[21]

第二章「悲しみの共同体」は、死別を経験した家族への社会の共感や、死者の追悼と遺族への支援を活動の中心とする多様な形態の団体活動を論じる。第三章「心霊主義と『失われた世代』」は、この時期に広まった心霊主義の社会的意味を考察し、第四章「戦争記念碑と悲しみの過程」は、戦時期および戦争直後に建てられた内外の戦争記念碑の歴史を考察する。[22]この部分は本書の課題と重なることもあるので、ウィンターの序論から概要を示しておこう。

ヨーロッパの主要交戦国のほとんどすべての都市や村は、「遺族の共同体」となった。直接の哀悼者（primary mourners）——戦争で死んだ兵士たちに直接関係する人々——は、数千万人に達した。戦間期における戦争記念碑の建設や奉献、巡礼は、遺族の死別についての儀礼表現であり、共同体のそれでもあった。寡婦、孤児、両親、友人の悲しみは、毎年の追悼式典で「見られ」、彼らの死別は隣人や友人に共有された。この共同体は非常にローカルな特徴を持ち、その豊かな多様性を持っていた。その共同体の内部では伝統的な追悼形式が力を持っていた。家族、降霊会、伝統宗教の礼拝、大学、退役軍人協会、寡婦組織、戦争記念碑の除幕時の様々な集まり、そして国民的「想像の共同体」にまで至る、様々な集団が、どのように対応したかを検討している。戦争の衝撃をどのように受け入れ、「失われた世代」をどのように記憶するかは、共同体の政治的対応をも伴っていた。(23)

悲嘆の歴史は、戦争がもたらした社会的連帯について多くを明らかにすると言う。大戦は、野蛮を社会生活の中心にもたらしたが、野蛮化は唯一のあるいは支配的な反応ではなかった。憐れみもまた存在し、憐れみは人々が戦争から立ち直る上で不可欠な要素として認識されたと。

悲しみの言語

第二部「文化規範と悲しみの言語」でウィンターは、大戦中と大戦後のイギリス、フランスおよびドイツにおいて多様な方法で「悲しみの言語」の探究が続けられたことを検討する。第五章「戦争の神話学――映画、民衆信仰および聖なるもののビジネス」は、映画に示された戦争像を、民衆の宗教芸術の古くからの伝統の中に位置づける。映画（フィルム）は「芸術的救済の言語（a language of aesthetic redemption）」であり、その時代にとって死者を「見る」非常にモダンで映像的な手法であった。映画という最も「モダンな」技術が、犠牲、死および復活という古くからのモティーフとイメージを表すために使われた。ウィンターはガンスの映画に伝統的なロマン主義とそれを克服する黙示録という二つのイメージを見出している。第六章「芸術における黙示録の想像力」、第七章「戦争文学における黙示録のイメージ」において、エピナル版画というフランスの伝統的なグラフィックアートに示された無邪気さ（ナイヴィテ）や、民衆の信心と宗教に依存する類似の表現様式の分析を通じて、死者を復活させる芸術家の黙示録的想像力を追跡する。第七章「戦争、詩、ロマン主義および聖なるものの復活」では、小説や演劇、詩など戦争文学における悲しみの言語を探求する。戦争を「見ること」は、新しいものの創造ではなく、古いパターンやテーマへの復帰を意味し、小説における黙示録、死者とのコミュニケーションのための詩的言語、聖なるものの再公式化であると論じている。(24)

このようにジェイ・ウィンターは、第一次世界大戦の文化史について、死別の問題、戦死者の追悼、文学作品の検討を通した「悲しみ」の文化史を主張している。これ以後、ウィンターは精力的に著作を発表し、二〇一四年に出版されたケンブリッジ大学版の『第一次世界大戦　第三巻　市民社会』(25)の編集を担当し、第一次世界大戦の文化史の第一人者として活躍している。すでに述べたように、ウィンターは、個人の記憶に力点を置き、これまでの国民国家を軸とした記憶研究に異議を呈しながら、比較の視点を前面に出し、家族に始まり国民に至る多様な共同体のレベルで戦争の記憶を考え、遺族の死別とそこからの遺族の救済を射程に置き、国民国家に収斂されない戦死者追悼の文化史を提起している。ウィンターは、膨大な研究史を整理して問題を提起するだけでなく、(26)第一次世界大戦中のロンドン、パリ、ベルリンを比較の観点からテーマ別の章立てとして、国民国家の視点をあえて壊す叙述も試(27)みている。これらの膨大な研究のすべてをフォローするのはなかなか時間がかかるが、戦争記念碑研究のためにはその基本的な論点を継承すべきではないかと考えている。

3　本書の課題と構成

それでは本書の課題と構成について論じておこう。

本書は、これまで一〇年以上にわたって筆者が進めてきたイギリスの戦争記念碑に関する研究をロンドン、特にロンドン・シティの記念碑に限定して論じようとするものである。

第一章では、ロンドンのホワイトホールにある国家の戦死者追悼施設「セノタフ」について、一九一九年七月におけるその成立に立ち返って検討し、セノタフがその後どのような経緯で現在のような石造の記念碑となったのかを含めて、なぜ国家の戦死者追悼施設としての位置づけを獲得し、その役割がその後どのように変化したのか、新聞報道を使って当時の様子を復元しつつ、当時の人々の心性にも迫ってみたい。本来は「仮の」ものとして勝利行進の一要素として間に合わせに建設された記念碑が、なぜ国家の追悼施設となるに至ったのかを、遺族の女性たちを中心とする「民衆の巡礼」とそれに対する国家の対応という視点から考えてみたい。

第二章では、ロンドン・シティの王立取引所前に設置された「ロンドン部隊記念碑」を論ずる。最初に、記念碑が設置された場、記念碑の銘文、記念碑の背後に刻まれた「ロンドン部隊」を構成する連隊や大隊の名称など、記念碑そのものの基礎的な情報を分析する。次に、一九一八年一一月一一日の休戦前後における「ロンドン部隊」の引揚げから、彼らの歓迎式典や戦死者の記念碑設立など、ロンドン・シティ自治体の動向を新聞資料から明らかにする。その上で、一九二〇年一一月一二日の記念碑の除幕式について、全国紙『ザ・タイムズ』は除幕式をどのように報じたのか、シティの地元紙『ザ・シティ・プレス』はその除幕式をどのように報じたか、詳しく分析する。

両者の報道の違いや重なる部分、視点の違い等を確認することで、「ロンドン部隊記念碑」の持つ意味を、多面的に考察する。ロンドン・シティという住民をあまり持たないが、イギリスの富や名声を支える商業・金融市場という特殊な地域コミュニティにおける第一次世界大戦の戦死者追悼を分析する。このような地域コミュニティのアイデンティティが、どのようにしてナショナルなアイデンティティあるいは愛国心へと繋つながるのかについて考えてみたい。

第三章は、ロンドン・シティの金融機関による休戦直後における従業員の戦死者のための追悼式典を検討し、戦争記念碑設立の背景について考察する。その上で、イングランド銀行における職員の戦死者追悼のあり方を、同行の戦争記念碑の設立過程にまで分け入って、明らかにしたい。史料は公開されている記念碑設立委員会の資料や新聞資料を利用する。それによって、イングランド銀行においてどのような手続きで記念碑が設置されたのかを明らかにする。イングランド銀行の理事と職員という組織のあり方、職員の中の階層制の問題、女性職員の位置づけなどが問題になる。特に、記念碑設立委員会委員長の演説のレトリックを整理してみたい。そこには、世界の金融市場ロンドン・シティの富の蓄積を優先する物質文明に対する深い反省や宗教的救済の希求などが垣間見られるはずである。さらに、その他シティの多様な金融機関の戦死者追悼のための記念碑について分析する。なぜ、ロンドン・シティの金融機関の多くが、自らの職員の戦死者を追悼する記念碑を建てていたことの意味を考えてみたい。

第四章では、二〇一七年一一月一二日に実際に体験した「ロンドン部隊記念碑」での追悼式典を、その前日の「ロード・メイヤーズ・ショウ」とともに、詳しく紹介したい。また、その時の式典で捧げられた赤いポピーのリースの写真画像から、どのような組織が式典に参加してリースを捧げたのかを分析することによって、ロンドン・シティという地域社会においてロンドン部隊記念碑とそこでの追悼式典がどのような意味を持ってきたのか、考察したい。

この最後の章は、現代のイギリスにおける地域コミュニティと軍隊の緊密な関係性について迫ることになる。

注

（1）阿部安成他編『記憶のかたち——コメモレイションの文化史——』（柏書房、一九九九年）は、記念碑の研究方法について一定の枠組みを提示し、筆者もこの共同研究の方法論を頼りに「記憶の場」について理解し、記念碑研究の方法論を得た。若尾祐司他編『記録と記憶の比較文化史——史誌・記念碑・郷土——』（名古屋大学出版会、二〇〇五年）も、一九～二〇世紀イギリスの戦争記念碑の概要について言及し、記念碑研究の方法を考える上で参考になる。

（2）Benedict Anderson, *Imagined Communities: Reflections on the Origin and Spread of Nationalism*, London, 1983, Revised Edition, 1991（白石さや・白石隆訳『増補　想像の共同体——ナショナリズムの起源と流行——』ＮＴＴ出版、一九九七年）; George L. Mosse, *Fallen Soldiers: Reshaping the Memory of the World Wars*, Oxford, 1990（宮武実知子訳『英霊——創られた世界大戦の記憶——』柏書房、二〇〇二年）.

（3）A. Prost, "Monuments to the Dead" in *Realms of Memory*, Vol. II: *Traditions*, New York, 1997.

（4）Jay Winter, *Sites of Memory, Sites of Mourning: The Great War in European Cultural History*, Cambridge, 1995.

（5）P. Low, G. Oliver and P. J. Rhodes (eds.), *Cultures of Commemoration: War Memorials Ancient and Modern*, Oxford, 2012.

（6）Mark Connelly, *The Great War, Memory and Ritual: Commemoration in the City and East London, 1916-1939*, Woodbridge, 2002.

（7）松本彰『記念碑に刻まれたドイツ–戦争・革命・統一』（東京大学出版会、二〇一二年）。

（8）同書、二頁。

（9）同書、五七頁。

（10）同書、九八～一〇八頁。

（11）同書、一二七～一二九頁。

（12）　津田博司『戦争の記憶とイギリス帝国――オーストラリア、カナダにおける植民地ナショナリズム――』（刀水書房、二〇一二年）。
（13）　同書、八～一三頁。
（14）　Winter, *op. cit.*, p. 1.
（15）　*Ibid.*, pp. 1-2.
（16）　*Ibid.*, pp. 2-3.
（17）　*Ibid.*, p. 3.
（18）　*Ibid.*, p. 4.
（19）　*Ibid.*, p. 5.
（20）　*Ibid.*
（21）　*Ibid.*, pp. 5-6.
（22）　*Ibid.*, p. 6.
（23）　*Ibid.*, p. 6.
（24）　*Ibid.*, p. 7.
（25）　Jay Winter, *The Cambridge History of the First World War*, Volume III *Civil Society*, Cambridge, 2014.
（26）　Jay Winter and Antoine Prost, *The Great War in History: Debates and Controversies, 1914 to the Present*, Cambridge, 2005.
（27）　Jay Winter and Jean-Louis Robert（eds.）, *Capital Cities at War: Paris, London, Berlin 1914-1919*, Vol. 2: *A Cultural History*, Cambridge, 2007.

第1章

ホワイトホール・セノタフ

――「民衆の巡礼」から国家の追悼施設へ

はじめに

一九一九年の第一回の休戦記念日以来、毎年一一月一一日の休戦記念日に、また第二次世界大戦後はその直近の日曜日（追悼日曜日 Remembrance Sunday）に、政府主催の公式の戦死者追悼式典が行われるのは、ロンドンの官庁街ホワイトホールの通りに建設されたセノタフにおいてである。その限りではセノタフが国家の戦死者追悼施設であると位置づけることができよう。

本章では、イギリスにおける国家の戦死者追悼施設とされる記念碑「セノタフ」について、一九一九年七月の戦勝パレードにおける「仮のセノタフ」の設置に立ち返って検討する。それがその後どのような経緯で現在のような石像の記念碑となったのか、またその過程で国家の戦死者追悼施設としての位置づけを獲得したのはなぜか、その役割がその後どのように変化したのかについて、当時の新聞記事を頼りに考察したい。

最初に、「仮のセノタフ」の設置とその後の経緯について、あらかじめ概要を確認しておこう。

セノタフは、ロンドンで一九一九年七月一九日土曜日に行われた第一次世界大戦の戦勝記念パレードの途中、行進する兵士たちが戦死者に敬意を表する対象としてホワイトホールの通りの真ん中に、「仮の temporary」ものとして建設された。それは、石造に見えるように木材と漆喰で造られ、終了後は撤去する予定であった。設計は、建築家エドウィン・ラチェンズに依頼された。設計の段階では、七月一四日のパリの勝利行進でエトワール広場に臨時に設置される構築物を意識して、「カタファルク（棺台）」と言及されたが、ラテン語系のこの語を嫌ってギリシア語で「空の墓」を意味する「セノタフ」の名称が使われるようになった。また、内閣の決定で、セノタフにはキリスト教の意匠は一切なく、第一次世界大戦の開始年「一九一四」を示すローマ数字 MCMXIV と「栄誉の死者 The Glorious Dead」の文字が刻まれた(1)。

この「仮のセノタフ」には、勝利行進の始まる前から、その終了後は特に、息子や夫を戦争で失ったと思われる多数の女性たちが訪れて、花を捧げる現象が見られた。その行為は新聞紙上で早くから「巡礼」と呼ばれ、遺族の「悲しみの場」として注目されるようになる。そのような中、同じ場所に同じ形で「恒久的セノタフ」を建設するよう政府に求める運動が新聞紙上を中心に展開し、建設場所をめぐる論争を経て、最終的にはホワイトホールの同じ場所に「恒久的セノタフ」を建設することが政府によって決定された。その除幕式は一九二〇年一一月一一日の休戦記念日に行われることも決まった(2)。

以上のような「仮のセノタフ」と「恒久的セノタフ」という二つのセノタフ建設とそれに関わる諸問題を、主に『ザ・タイムズ』とその日曜紙『ザ・サンデイ・タイムズ』の記事を手がかりに考察する。前者はイギリスを代表する高級紙であり、四半期ごとの索引が充実しており、それを利用することによって、効率良く記事を検索することができる。筆者は国立国会図書館の新聞資料室に配備された索引とマイクロフォルム版の本紙を利用した。また、『ザ・サンデイ・タイムズ』は、国会図書館でマイクロフィルムが利用可能であり、週刊ということもあり、比較的容易に関係の記事を探すことができる。

1　ロンドン戦勝パレードと「仮のセノタフ」

最初に、戦勝パレード当日の七月一九日付けの『ザ・タイムズ』に掲載された「死者の記念碑」と題する記事に注目したい。この記事は、勝利行進が実施される前の記事であり、そこに主催者の意図を読み取ることができる。

ダウニング・ストリートとキング・チャールズ・ストリートの間のホワイトホールに設けられた戦死者の記念碑は、行進における第二の敬礼地点である。昨日静かにまた非公式に除幕された記念碑は、その単純さにおいて大変印象深い。それは、三段の台座に立つ高さ三三フィートの矩形の塔（パイロン）である。頂上には祭壇があり、その上にはユニオン・ジャックが広がり、月桂樹のリースが置かれている。両側面にはリースが掛けられ、台座の上方に軽く刻まれた「栄誉の死者」が唯一の銘である。ユニオン・ジャックを真ん中に英国軍艦旗と英国商船旗を加えた三本の旗が、記念碑の両側に掲げられている。軍隊は、その両側を通り過ぎるときに「かしら右」と「かしら左」の合図で敬礼し、すべての音楽は止む。行進の間、礼装の近衛兵が、頭を下げ、武器を下向きにして記念碑の四隅に立つ。また、記念碑は、昼夜護衛され続ける。(3)

この記事で確認したいのは、第一に、「死者の記念碑」あるいは「戦死者の記念碑」は勝利行進の前日に「静かにまた非公式に除幕された」のであって、勝利行進当日に初めて人々の注目を浴びたことである。第二に、この記念碑は、あくまでも「第二の敬礼地点」であり、バッキンガム宮殿前にある「ヴィクトリア記念碑」が「第一の敬礼地点」であった。ただし、行進のルート上は「死者の記念碑」での敬礼が最初に行われることになる。第三に、行進する兵士たちは、通りの真ん中に設置された「死者の記念碑」の箇所で二手に分かれて、両側から敬礼を行うとされている。また、その際にはすべての音楽が止むことも予定されていた。

この点を確認した上で、実際の勝利行進はどうだったのであろうか。勝利行進翌日の七月二〇日に発行された日曜紙『ザ・サンデイ・タイムズ』の記事を追ってみたい。『ザ・タイムズ』は日曜日休刊であるので、この日曜紙

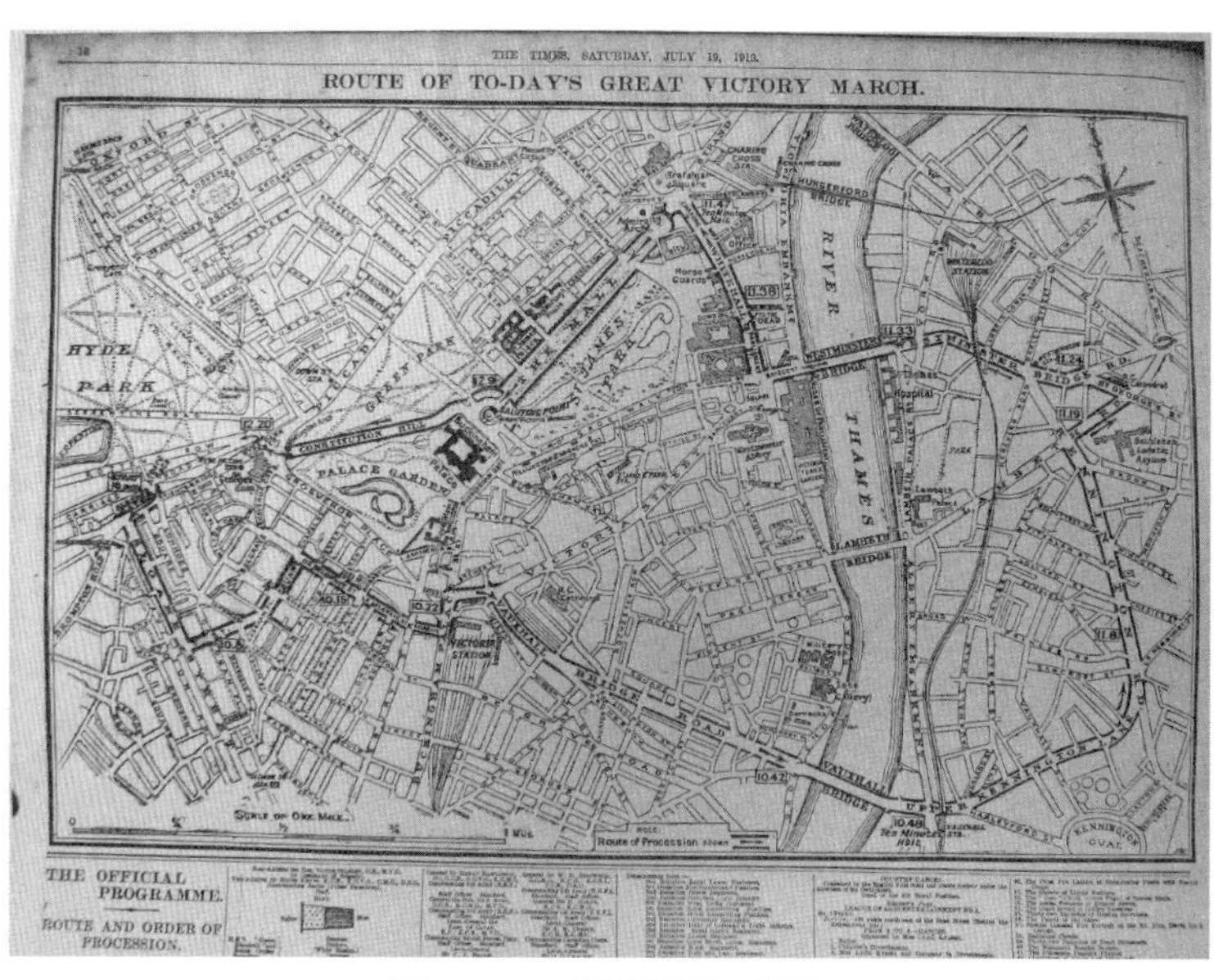

図１－１　勝利行進の経路

出典：*The Times*, July 19, 1919, p. 16.

が最初に勝利行進の様子を伝えたことになるからである。特にセノタフがどのような様子であったか、注目したい。なお、図１－１は勝利行進当日に『ザ・タイムズ』に掲載された勝利行進の地図である。

この日の『ザ・サンデイ・タイムズ』は、「イギリスの素晴らしい日——すべての国民は平和をどのように祝ったのか——勝利行進——何十万人が連合国の戦士を喝采して迎えた」という見出しの記事の冒頭、次のように勝利行進全体をまとめている。

> ロンドンは、戦争に勝利した兵士たちに感謝の意を表した。
>
> 帝国の首都の市民たちは、昨日、何十万もの人出となって、連合国の旗印の下に勝利をもたらした陸軍兵士、海軍水兵、空軍兵を、何時間も続く歓声とともに歓迎した。その人手には、連合王国中からまた海外から来たブリトン人や、勇敢な我が兵士たちと多くの戦場で共に闘った国民の代表

たちが含まれていた。

彼ら戦争の英雄たちは、ケンジントン・ガーデンズからハイドパーク・コーナーまでの全七マイルの道のりに沿って、ロンドンでもかつてないほどの群衆の中で、すばらしい拍手喝采を受けたのである。

敵を打倒したさまざまな軍隊は、王と庶民の敬意を受け、退役軍人と子供たちの歓迎を受け、実に誇り高く思ったに違いない。

昨日は、帝国の心臓部だけでなく、あらゆる町（タウン）や村落（ヴィレッジ）、集落（ハムレット）が歓喜した。ランズ・エンド〔ブリテン島の最南端〕からジョン・オ・グローツ〔ブリテン島の最北端〕まで祝祭と花火が行われた。そして、人びとの心の中で沈黙の捧げ物が「栄誉の死者」に与えられた。ホワイトホールでは形ある敬意も払われたのである。(4)（〔　〕内は引用者）

この記事では、擬人化された主語としての「ロンドン」が、兵士たちに感謝し、「帝国の首都の市民たち」が祝ったと語られている点が興味深い。また、「ブリトン人」には自治領の将兵が含まれ、その表現には「帝国」の重層的構造が反映されている。また、イギリスの津々浦々まで戦勝の祝祭が行われたことも注目したい。

この同じ記事で、「ロンドンの感謝の証――一大ページェントはどのように催されたのか」の小見出しの下、早朝からの行進の様子を生き生きと伝えている。それによるとケンジントン・ガーデンズに野営した連合軍の兵士たちは、朝早くから詰めかけた観客に早くに起こされ、行進は一〇時にアメリカ軍を先頭に、ハイドパーク南側のアルバートゲートを出発した。まずロンドンの裕福な地区であるスローン・ストリートで、普段は控えめなこの町の人々から喝采を浴びる。その後、戦争中は新兵たちがヨーロッパ大陸へ渡る出発点となったヴィクトリア駅に至る。

ヴィクトリア駅の近くでは、周辺の建物の窓から多くの人々が見物し、ヴィクトリア劇場の高い屋根にも多くの人々が登っていたことも紹介されている。行進はヴォクソール・ブリッジ通りを東へ進み、テムズ川にかかるヴォクソール・ブリッジを渡ってロンドン南部に入り、そこで一〇分間の休憩を取った。その際アメリカ兵とロンドンの女性たちが親しく交流する光景が見られたと報じている。また、ケニントン地区にあるガス会社のガスタンクの上まで人々が登って危険な状態だったことも紹介されている。地元のランベス市長も出迎え、少女たちが兵士たちに水やチョコレートをふるまった。また、一時休憩したフランス軍兵士に向けて、集まった人々が「ラ・マルセイエーズ」を歌った。司令官ダグラス・ヘイグがやってくると、人々は、「彼はいいやつだ For he is a jolly good fellow」の歌で出迎えた。このように、行進はまさに勝利に対する歓喜であふれていたが、ウェストミンスター・ブリッジを渡ってホワイトホールに入ると様子は一変する。「式典全体でもっとも劇的な瞬間」に遭遇する。(5)

ホワイトホールのセノタフで起こった様々な出来事を紹介した記事「ザ・セノタフ――勇敢な死者たちへの敬礼」を引用しておこう。

勇敢な兵士たちのための記念碑を建てるに至ったのは、素晴らしい考えであった。その日の祝典には中心となる特徴が必要であった。ホワイトホールの南端近くのセノタフは、仮の構築物にもかかわらず、美しいものであった。その崇高さは、イギリスの歴史にその名前が永遠に生きる勇敢な人々を象徴的に示すような、ものすごい単純さにあった。

ホワイトホールの中心に立つその記念碑は、もっとも印象深いものであった。その頂上に大きな月桂樹のリースが載せられ、しかるべく〔巨大な〕ユニオン・ジャックが全体に緩やかに掛けられていた。記念碑の側面には、それぞれ海軍、商船、陸軍を表す、イギリス海軍旗（ホワイト・エンサイン）、イギリス商船旗（レッド・エンサイン）イギリス国旗（ユニオン・ジャック）が飾られていた。また、側面の一方に刻まれた唯一の銘文は、「栄誉の死者」である。その言葉は、その意匠とまったく調和するものであり、どのような入念な賛辞よりも心に伝わった。

その基壇には、たくさんの小さな自家製の花輪や庭の質素な花が、愛情のこもった人の手によって置かれていた。行列が来る直前に、たいへん悲しい瞬間が訪れた。裕福な衣装を着て深い悲しみに満ちた一人の婦人が、群衆の中から現れた。その瞬間、巨大な群衆に突然の沈黙が訪れた。彼女はゆっくりとセノタフに歩み寄り、立派な花輪を恭しくその基壇に置いた。

彼女は少しの間、悲しげにまた誇らしく、頭を垂れたままであったが、そのあと再び民衆の中に消えた。その行為を目撃した人々には彼女が誰か分からなかった。人々には、彼女が誰のためにそれを行ったのか、決して分からないだろうが、彼女にとって非常に大切な人のためだったことは明白であった。その出来事は、すべての人の心を感動させた結果、おそらくその瞬間の栄光が知性から消え失せても、いつまでも記憶に残るであろう。(6)

記事の前半ではセノタフの「美しさ」「崇高さ」「単純さ」が賞賛されている。記事の後半部分は、勝利行進の始まる前からその基壇には花が捧げられていたことを報じるとともに、行進が来る直前にセノタフで起こった事件を感動的に描写している。おそらく、この記事を読む読者である中流階級女性には、涙なしには読めなかったのではないだろうか。『ザ・サンデイ・タイムズ』の紙面には、一週間の出来事を要約した記事が多く見られ、広告には当時の有名デパートの女性服の宣伝が多く掲載されていることから、中産階級の女性を読者にしていることが分かる。

また、この事件は、月曜日の『ザ・タイムズ』の「死者に対する敬礼」と題する記事でも取り上げられている。こちらでは、正式喪服を身につけて将校に付き添われた一人の女性が、式典に先立ってセノタフの基壇に花を捧げたと報じられている。(7)

もう少しこの『ザ・サンデイ・タイムズ』の記事を読んでみたい。「沈黙の捧げ物」という小見出しの箇所である。

その名が不朽の軍司令官や海軍総司令官も、そこで死者に敬意を表することになっていた。サー・ダグラス・ヘイグ、フォッシュ元帥、パーシング将軍、ビーティ海軍大将のような勝利者たちが、その記念碑に現れた時、人々の感情はほとんど耐えられないほどであった。これらの有名人はセノタフと相対し、厳粛に敬礼した。その記念碑では歓声を上げる者は誰もいなかった。あまりにも厳粛であったが、彼らが通り過ぎると、民衆の鬱積した感情が一気に現れ出た。

何千という人びとがホワイトホールを埋めつくしたが、その地点での彼らのふるまいは、ルートの他の部分を特徴付けた、暴動のような歓喜とはまったく対照的であった。というのも、彼らの精神は一貫してその美しい死者の記念碑に集中し、彼らの思考がそれ以外の景色に外れることはほとんどなかったからである。

ウェストミンスター・アビーおよび王室礼拝堂(チャペル・ロイヤル)の聖歌隊員たちが、内務省のすぐ外に整列した。一方、四人の近衛兵が記念碑の四隅に陣取り、武器を逆さにして頭を垂れてそこに直立し、あたかも構築物そのものの一部であるかのように動かなかった。

合唱隊員たちは絵のように美しい一団を構成した。彼らが「希望と栄光の国 Land of hope and glory」や、「わがたましいを Jesus lover of my Soul」のようなよく知られた賛美歌など、懐かしいイングランドの曲を歌った。

しかも、えり抜きのオーケストラの伴奏付きであった。

連合国軍の代表たちの行進が通り過ぎた時の光景は輝かしく、その間ずっと喝采が続いた。海軍――将校も水兵も――はたいへん人気があった。彼らはその他の軍隊と同じく、沈黙のうちにその記念碑を通過したが、ひとたび自由になると、その楽団は「スリー・チアーズ・フォー・ザ・レッド・ホワイト・アンド・ブルー」のような世界の懐かしい歌をたくさん演奏し、民衆が元気よく歌に参加した。

看護婦やデイム・キャサリン・ファーズ・イギリス海軍女性部隊も人気が高かった。女性の分遣隊すべてが、実際の職務のように正確に敬礼した。行列は二手に分かれてその記念碑の両側を通過する予定であったが、何らかの理由で、これは行われなかった。ホワイトホールのバンケッティング・ホール〔かつてのホワイトホール・パレスの一部でホワイトホールの東側に当たる〕側にいた群衆が道路に押し寄せたが、彼らを押しとどめる措置は執られなかったため、行列全体がその記念碑の片側を通過し、ザ・メルの方向に向かった。(8)

この記事からは、「仮のセノタフ」は行進の中で特別な場であったことが改めて確認できよう。行列はその前で静かに敬礼したことが分かる。しかも、群衆はそこ以外では、「暴動のような歓喜」で行列を迎えたが、そこだけは違っていた。しかし、まったくの沈黙ではなかったことも分かる。王室とつながりのあるイギリス国教会の聖歌隊がオーケストラの伴奏付きで賛美歌を歌ったのである。「セノタフ」そのものには宗教的意匠はなかったが、賛美歌という形でキリスト教が関係している。これはその後のセノタフでの式典に受け継がれることになる。近衛連隊の儀仗兵についてもたいへん印象的である。軍隊としての儀礼がしっかりと取り入れられたのである。また、このセノタフでの沈黙を過ぎると海軍軍楽隊が、民衆も共に歌える曲を演奏し、民衆が歌声で応じた様子が描かれて

THE TIMES, MONDAY, JULY 21, 1919.

MEN OF THE BRITISH ARMY PASSING THE CENOTAPH IN WHITEHALL

図1－2　セノタフを通り過ぎるイギリス陸軍兵士

出典：*The Times*, July 21, 1919, p. 7.

いる。最後に、勝利行進当日の『ザ・タイムズ』に報じられていた、行進する軍隊がセノタフの両側から敬礼するという計画は、群衆が道路に押し寄せて急遽変更になったことが報じられている。それほど、このセノタフが特別な場であったことを示している。むしろ、このような事件の報道を通じて、セノタフが特別な場になったと考えた方が良いのかも知れない。**図1－2**は『ザ・タイムズ』に掲載されたセノタフでの陸軍の行進の様子である。

なお、このあと行列はホワイトホールを北上し、トラファルガー・スクエアを左に折れて、ザ・メルと呼ばれる緑に囲まれた広い通りを進んで、「第一の敬礼地点」ヴィクトリア記念碑、国王ジョージ五世の待つバッキンガム宮殿に至り、コンスティテューション・ヒルを過ぎて、パレードは終了する。(9)

もう一つこの日の『ザ・サンデイ・タイムズ』の小さな記事を引用したい。「平和の日の点描――あらゆる地点から興味あるできごと」の一節である。その中にホワイトホールに関する短い記事がある。

行列がホワイトホールを通過してしまった後、何千人という人々が、「栄誉の死者のために」そこに建てられたザ・セノタフに巡礼した〔傍点引用者〕。そこは行列が一瞬立ち止まって敬礼した所であった[10]。

この一九一九年七月二〇日の『ザ・サンデイ・タイムズ』の記事が、セノタフに花を捧げる行為を「巡礼」と言及した最初の記事であると言われている。ロイドによると、この記事が発表された後、『デイリー・エクスプレス』などほかの新聞も、セノタフを神聖な場所と言及し、セノタフに花を捧げるという個々人の行動を「巡礼」と呼ぶようになった。この直後、新聞各紙でセノタフを死者のための恒久的な記念碑として残すキャンペーンが始まる。特に投書欄に、セノタフの恒久化を求める声が掲載された。それと併行して、一部の庶民院議員が、セノタフの責任者である建設大臣アルフレッド・モンドに、現在の位置にセノタフを立て直すことを提案する誓願を提出しており、モンドは請願に好意的に対応し、ロイド・ジョージ首相に提案することに同意したとされている。何回かの閣議を経て、最終的には一九一九年七月三〇日の閣議で、同じ場所にセノタフを建て直すことが決定された[11]。民衆による自然発生的な行為であったこの「巡礼」は、セノタフを「悲しみの場」として位置づける、ウィンターの「悲しみの場」の議論を理解する上で重要であるので、注意したい。

2　第一回休戦記念日と「二分間の沈黙」

さて、勝利行進のあと「仮のセノタフ」は一九二〇年一月までそのまま置かれ、その間、毎日必ず人々が訪れ、一九一九年一一月一一日の第一回休戦記念日にはそれが頂点に達した。この間の事情を『ザ・タイムズ』の記事で追ってみよう。

「恒久的セノタフ」建設をめぐる論争

戦勝記念日を報じた七月二一日付け『ザ・タイムズ』には早くも投書欄に、「ホワイトホールのセノタフは単純で威厳があるので、短命な構築物であるのは残念である」とし、特に「あらゆる装飾が欠如しているためにあらゆる批判を受け付けず、また、単純な銘文のために、どんなにたくさんの言葉や建築物よりもはるかに心に響く記念物となるであろう」と評価する声が登場する。(12) さらに、七月二四日の庶民院でもスタッフォード選出議員オームズビー・ゴアが建設大臣アルフレッド・モンドに「現在ホワイトホールにあるセノタフの、ブロンズのリースを備えた正確なレプリカを、大戦で戦死した人々の恒久的な記念碑として、現在の場所にポートランド・ストーン〔石灰岩〕で建設するつもりはあるかどうか質問し、モンドは閣僚に諮ると答弁したことが報じられた。(13)「現在のセノタフの正確なレプリカ」という表現に注意したい。

このような質議を受けて、七月三〇日の閣議でセノタフを「ホワイトホールの現在と同じ場所に恒久的な記念碑」を建てることを決定したと『ザ・タイムズ』が報じた。さらに、八月一三日には、ウェストミンスター市議会がこの問題を検討し、交通の関係から「恒久的な国民的記念碑」は国会議事堂前のパーラメント・スクエアに建設すべきとの動議が出されたが、その場で否決した、と報じられた。この記事の中で、建設大臣アルフレッド・モンドから「現在の場所は、帝国と連合国の軍隊によって敬意を受けた場所で永遠に記憶されることになるので、当市議会が政府の見解に全会一致で合意されることを望む」という主旨の書簡がウェストミンスター市議会に送られ、長時間それを審議したあと、パーラメント・スクエアが最も適切との動議が出されたことが報じられている。(14)

このようなやりとりからは、ホワイトホールの通りの中央という場所が交通の妨げになり、また、事故等が予想される中で、地元自治体は、芝生の植え込みのある近くのパーラメント・スクエアを建設場所に選択したかったことが分かる。このあと、決着にはもう少し時間がかかることになる。また、「仮のセノタフの正確なレプリカ」という表現からは、「仮のセノタフ」が本物であり、これから建設する「恒久的セノタフ」が複製だということが含意されている。それは、「仮のセノタフ」が勝利行進で将軍たちや兵士の敬礼によって聖化された場所であるという意味も含まれていた。だからこそ、同じ場所に同じ形の「複製」を建てるべきであるとの政府主張に至るのである。一方、ウェストミンスター市議会は「恒久的な国民的記念碑」と言及しているが、これは「仮のセノタフ」から切り離して「国民的記念碑」を別の場所に建設するという含意を持つとも解釈できよう。

この問題は、一一月一一日の休戦記念日を経て、一二月九日に庶民院で「恒久的セノタフ」を同じ場所に建設するための追加予算五〇〇〇ポンドが承認されて政府としては決着するが、その後も、一二月一八日にウェストミンスター市議会に再度提起され、市は、交通量の多いホワイトホールの通りの真ん中にセノタフのような巨大な建築物を建てることは望ましくないと言う理由で、パーラメント・スクエアに建設することを再度政府に提案した[15]。一九二〇年一月に入ると「仮のセノタフ」は危険な状態となり、実際に取り壊しが始まるが、「仮のセノタフ」に対する敬意を示すために覆いをしての工事となった[16]。これについては改めて論ずる。

国王による「二分間の沈黙」の呼びかけ

それでは、一九一九年一一月一一日の休戦一周年となる日は、「仮のセノタフ」がまだホワイトホールに存在する中、どのような式典が挙行されたのであろうか。この休戦一周年は、国王の呼びかけによる「二分間の沈黙」が式典の中心になるが、セノタフではこの「二分間の沈黙」はどのように実施されたのだろうか。

グレゴリーの研究によると、休戦一周年の一週間前の一九一九年一一月四日、元南アフリカ高等弁務官のパーシー・フィッツパトリックが元南アフリカ高等弁務官で当時植民地大臣を務めていたアルフレッド・ミルナーへ、第一次世界大戦中南アフリカで実施されていた「三分間の休止」に言及した覚書を送った。これを受けて、「二分間の沈黙」を行うことが内閣で決定され(17)、一九一九年一一月七日金曜日に国王ジョージ五世の「国王の人民への呼びかけ」が各紙に掲載された。

次の火曜日一一月一一日は、四年間に及ぶ大殺戮に終止符を打ち、正義と自由の勝利を印した休戦の一周年である。帝国のあらゆる地域のわが人民は、勝利の記憶を、また勝利を実現するために自らの命を捧げた人々の記憶を、永遠なるものにしようと望んでいると私は思う。この感情を普遍的に表現する機会をもうけるために、休戦が実施された時刻である一一月一一日一一時に、二分間の短い間、われわれの通常の活動すべてを完全に停止することが、私の希望である(18)。

この宣言文に見られるように、第一に帝国的規模での行動が求められ、第二に敬意の対象は死者であり、戦死者を永遠に記憶することがその目的であった。第三に、「沈黙」とは「通常の活動すべてを完全に停止する」ことであり、一九一九年の休戦記念日は火曜日に相当するので、一一時に二分間、すべての交通機関や生産活動も停止することを意味した。

一一月七日付けの『ザ・タイムズ』は、国民に協力を求める内務省のメッセージを掲載した。それによると、「王の希望の実施は、共同体の共感に基づく善意に委ねられなくてはならない」としながらも、内務省は地方当局および国民全般に次のような指示を与えた。火曜日の午前一一時の「二分間の沈黙」の開始時刻は、一定の地区の人々全員に聞こえるような何らかの音で明確に刻まれなくてはならず、田園地帯では教会の時計の音、教会の鐘あるいはその他適切な音で十分であるが、都市ではたくさんの時計があって時間がずれる可能性があるので、ロンドンや郊外では「花火（マルーン）」によって時刻を知らせ、その他の都市では市長がサイレンなどの手段で開始時刻を知らせるように指示した[19]。

さらに、交通機関については、国中のすべての列車が止まり、ロンドンでは道路交通すべての停止を警察に指示したことが発表された。地方の警察も同じことを実施するよう命じられたが、工場や職場においては「その計画の精神を実施する手はずを整えるのは、雇用主と被雇用者の善意に委ねられなくてはならない」とした。さらに、「商店や事務所を閉めるのは好ましくなく、店主と顧客は二分間の沈黙の間立ち止まることが望まれ」、「通りにいる人々は合図が鳴った時に立ち止まることだけ協力するのが良い[20]」とされた。

以上のように、「二分間の沈黙」は、国王による人民への要請ではあったが、内務省から地方当局への指示という形で、国家の強制力を伴っていた。このような国王の呼びかけに答える形で、一一月八日土曜日の『ザ・タイムズ』は「栄誉の死者――火曜日の二分間の沈黙――花火の合図――教会の訴え」と題する記事の冒頭、次のように呼びかける。

> われわれが賜った勝利に相応しい形で、次の火曜日がわれわれの歴史上最も偉大な日になるように国王が人民に呼びかけた事柄は、あまねく承認されている。休戦が実現した時刻である一一時に、帝国のあらゆる箇所のあらゆる人々が、二分間の短い間、感謝、喜び、哀れみ、一生の誇りおよび悲しみに向き合うことになろう[21]。

この記事には、学校では王の手紙を朗読するよう指示があり、また、二分間の沈黙の実施に賛同するイングランド教会のカンタベリー大主教のメッセージと、ローマ・カトリックのボーン枢機卿の手紙が掲載された。

第一回休戦記念日の式典

では実際にどのような形で最初の休戦記念日が迎えられたのであろうか。休戦記念日当日の一一月一一日には「栄誉の死者――本日の敬意――様々な計画と礼拝――帝国の沈黙」と題する記事が掲載された。「二分間の沈黙」の挙行を再度確認するとともに、その行為が「栄誉の死者」のためであることを次のように再確認する。「今朝一一時に、厳粛な二分間、帝国のあらゆる事柄が停止し、王の人民は誇りと感謝と悲しみを持って、軍務で海と陸において倒れた栄誉の死者を想起するであろう[22]」と。この記事からは、「二分間の沈黙」という国王の呼びかけには、帝国が意識され、遺族の「悲しみ」だけでなく、人民の感謝という「顕彰」の意味も含まれていたと解釈できよう。

「二分間の沈黙」の実際の様子は、その翌日の一九一九年一一月一二日の『ザ・タイムズ』紙に掲載された「偉大なる沈黙――死者に対する国民の敬意――セノタフでの光景」と題された二ページに及ぶ異例に長い記事に詳しく描写されている。

まずは「永遠の教訓」と題する記事全体の序論に当たる部分を読んでみよう。

> 昨日午前一一時に、国民は王の呼びかけに応じて、祈りと記憶のために二分間沈黙を続けることによって、栄誉の死者に敬意を表した。
>
> 真の深い感情は言葉だけでは表すことはできない。また、昨日ロンドンの通りで祈りを込めて黙って立ち止まった群衆の感情を、言葉の組み合わせで語ることもできない。多くの人々が、戦争の悲しみを再び経験して

いた。多くは、二度と会えない友人たちのことを想った。いたるところで服喪と悲しみと感謝がなされた。祈りの時間を告げる花火(マルーン)が鳴る前の数分前、奇妙な自己意識が人々を襲った。

新しい優しさがいたるところに広がったように見えた。人々は、あたかもお互いの悲しみに敬意を表するかのように、礼儀正しく移動した。ロンドンの群衆には好奇心の強い人がかなりの割合でいるのだが、そのような人でさえ、黒い身なりの親族を幾多の礼拝に急いで連れて行く自家用車やタクシーを見かけると、恭しい視線を投げかけた。また、ひっきりなしに教会の鐘が悲しくいつまでも鳴り響いた。それは祈りへの呼びかけを、敬意の表現を、はるかに越えたものであった。昨日ロンドンの通りを覆った崇高な沈黙の中で、国民の魂の中が垣間見られたのである。しばしば心配されたように女性たちは涙を流した。その瞬間が本物だったことに対する最大限の敬意の証として、多くの男性たちすべてが脱帽して会釈し、すぐに視線を移したのである。交通が再び動きはじめ帽子を戻した時には、涙をこらえていた人でさえ、咳払いをし、たいへん不安げに見えた。(23)

かなり情緒的な文章であるが、黒い服装をした人々に対する人々の視線や、涙を流した女性に対する男性の繊細な気遣いからは、ウィンターの理解する「悲しみの共同体」をこの記事によって理解できるのではないだろうか。このあと、ロンドンの様子が、「ナイツブリッジからバッキンガムパレス」、「〔ウェストミンスター・〕アビーの礼拝」、「セントポールにて」、「シティの光景」、「ブラックフライアーズ橋で」と続く。

これに続く形で、セノタフの様子が独立の記事として報じられた。「セノタフの前――陛下のリース――内閣の敬意」である。

ホワイトホールでは……一〇時過ぎにいかなる車もセノタフを通ることはできなくなった。われわれの勇敢な死者の記憶のために建てられた仮の記念碑の前に、ロンドンで最も悲しみに満ちた集団の一つが集まった。陸軍省からパーラメント・スクエアまで、ホワイトホールは人であふれ、セノタフにできるだけ近づこうとますます群衆がひしめき合った。

リースはセノタフの基部にすぐに積み上がった。花屋が作るようなもっとも高価なものから、貧民のみすぼらしい花束まで、あらゆる種類のものがあった。サー・ブライアン・ゴドフリー・フォーセットとウィグラム大佐が、月桂樹の葉と黄色の永久花で造られたリースを携えて、バッキンガム宮殿からやって来た時、騎馬警官が二人の通路を開けなくてはならなかった。それには『栄誉の死者を記念して。王と女王から、一九一九年一一月一一日』と書かれた王の手書きのカードが添えられていた。一一時一五分前にロイド・ジョージ氏が赤いバラのリースをセノタフに捧げた。それには、「われわれが長く生きるために死んでくれた人々への、慎ましい感謝の印、D・ロイド・ジョージ」の献辞が添えられていた(24)……。

このようにセノタフには一一時前から花があふれかえっていたが、王はバッキンガム宮殿に留まり、代理人が王のメッセージの添えられたリースをセノタフに捧げに来たのである。また、閣僚が閣議を中断してセノタフの前に整列したことも報じられている。このことから、休戦一周年の式典は簡素なものであり、セノタフ周辺には「二分間の沈黙」の時も一般の人々が自由に入れたのである。「仮のセノタフ」はまだ「民衆の巡礼」の場であったと言えよう。これは、一九二〇年の休戦二年目の式典と大きく異なる点である。

この記事のあと、正式な式典の終わった午後に、戦争で傷ついた退役兵たちがセノタフに向けて行進した様子を「巡礼」と言及して次のように伝えた。

昨日、午後早く、「大戦の戦友 Comrades of the Great War」に組織された悲しく哀れな行列が行われた。それは、手足をなくした人、足を引きずる人、眼の見えない人の巡礼であった。二時間前の巡礼よりもずっと悲しい光景であった。その行列はバードケイジ・ウォークの通りから出発した。(25)

負傷した退役軍人のセノタフへ向けての行進を、午前中の遺族による「巡礼」とは区別して、「悲しく哀れな行列」と表現している。午後のセノタフでは退役軍人による別の悲しい「巡礼」が起こったのである。「二分間の沈黙」は確かに、国王が呼びかけて国家の強制力を伴って実施された帝国規模の戦死者追悼儀礼であった。ただ、それだけでは、セノタフが「国家の追悼施設」になることはまだなかった。それには、「仮のセノタフ」を解体して新たな「恒久的セノタフ」を建設し、正式な除幕式を行って新たな聖化が必要であった。さらに、新たに建設された「恒久的セノタフ」が「模造品（レプリカ）」ではなく本物のセノタフになるためには、ウェストミンスター・アビーへの「無名戦士」の埋葬という一大イベントが必要だったのではないだろうか。

一九二〇年一一月一一日の休戦二周年の式典に話を移す前に、「恒久的セノタフ」の建築の経過と除幕式の準備について見ておこう。それによって、セノタフという戦争記念碑の持つ特徴をより鮮明にできるからである。

3　「恒久的セノタフ」の建設と除幕式の準備

一九二〇年一月一四日付けの『ザ・タイムズ』に、「セノタフ――仮の構築物は来週解体される予定」という記事が掲載された。(26) その後のセノタフ関係の記事を追うと、一月一六日付け「セノタフ――恒久的記念碑に簡素な銘文」という題名の記事で、「再建されるセノタフの唯一の銘文は『われわれの栄誉の死者へ』となると本紙は理解している」こと、「その問題は内閣によって詳しく検討され、セノタフはこの国のために死んで別の場所に埋葬された様々な宗教的信条や宗派の人々のためのものであるので、純粋にキリスト教的な銘文はふさわしくないと内閣が結論づけた」こと、さらに、「再建される記念碑は既存の構築物の恒久的な形での再現となる。旗は新しい工法で色づけされた石造となる。リースは、南アフリカから運ばれる美しい緑色岩製となる」[27]と説明されている。この最後の旗やリースに関する変更は、建築家ラチェンズの希望であることが分かっており、この記事はそれを伝えている。ただし、後述するようにこの変更は後に撤回される。また、「既存の構築物の恒久的な形での再現」という言い方にも注意したい。

一月二〇日の短い記事「ザ・セノタフ」では、「昨日の朝、ホワイトホールの仮のセノタフが、その解体のために板囲いに覆われた。同じ場所に恒久的セノタフを建設する作業が、まもなく始まる」[28]と報じた。このあと、二月二四日の記事「ザ・セノタフ」では、建設大臣の「サー・アルフレッド・モンドは〔一九二〇年休戦記念日式典に関する内閣委員会委員長〕カーゾン子爵に、現在予想される限りでは、セノタフの建設は次の一〇月までに完成すると伝えた。そこに通ずる地下道を建設する提案はされなかった」[29]と伝え、完成時期について言及するとともに、依然として交通問題が議論されていたことも分かる。このあとしばらくはセノタフの記事は途絶えるが、四月一〇日には、「仮のセノタフ」を解体した木材が、聖ダンスタン回復期治療基金のチャリティに関連して、セノタフの形が刻まれた七・五インチのメダルの台座として使われるという記事が掲載されている。[30]「仮のセノタフ」の持つ心霊主義的な意味を物語る記事と言えよう。

一九二〇年七月に入ると、「恒久的セノタフ」の細かなデザインや完成時期についても確定がなされていく。

七月一四日の「ザ・セノタフ」と題する短い記事は、建設大臣モンドが正式にカーゾンに、期日は特定できないが、一〇月末までには完成したいと言及したことを報じた。七月一五日の短い記事では、「連合王国の旗がセノタフの一部として〔石材で〕再現される予定は全くないことが公式に宣言される(31)」と報じられた。七月二六日の「ザ・セノタフ――石材確保の困難」の記事では、近く除幕予定の「ベルギー記念碑」が未完成で除幕が延期されたことなどが紹介され、また、石材それ自体が不足しているわけではなく、石工が賃金の高い別の職種に移ったためであると分析しているが、内閣としてはセノタフを休戦記念日に除幕する予定であることを再度確認している(32)。八月一〇日の「ザ・セノタフ」では、建設大臣モンドが、「セノタフにはシルクの旗が掲げられることが決まった。旗はユニオン・ジャック、レッド・エンサイン、ホワイト・エンサインである」と議会で答弁したことが報じられた(33)。そして、九月一〇日には石材と労働力不足の問題は解決し、一一月一一日休戦記念日に除幕するべく準備すると報じ(34)、九月三〇日には「王とセノタフ」という短い記事で、「王が一一月一一日休戦記念日にホワイトホールのセノタフを除幕すると理解している(35)」と、かなり確実性をもって『ザ・タイムズ』紙が報じた。一〇月に入ると、一一月一一日のセノタフの除幕式での遺族席の問題が『ザ・タイムズ』に報じられ、徐々に決まっていく様子が分かる。一九二〇年一〇月一三日には、建設省が次のような宣言を発したことが報じられた。

> 次の一一月一一日にセノタフの除幕式を実際に見ることのできる区域はごく限られているため、残念ながら、栄誉の死者の親族で除幕式を見ることを希望する膨大な人数に対応することは不可能である。
>
> したがって、いかなるものであれ観客席は建設されないし、式典に参加する軍隊のメンバーに指定される区域を別にすれば、柵や特権的な空間は設けない。しかしながら、除幕式の終了時には、退役した将兵の団体と

民間の個人は、過度の混雑や不都合がなければ、セノタフの基壇に花輪を置く措置が執られる。これらの措置は、できるだけ早い時期に新聞を通じて一般の人々に通知する。(36)

懸念されていた石材不足も解消し、休戦記念日まで一ヶ月を切った段階で、「恒久的セノタフ」の除幕式の準備がほぼ確定したと言ってよいであろう。この段階で計画された除幕式は、非常に簡素なものであり、式典終了後に一般の人々や退役軍人たちがリースを捧げることが許されることになっていた。このあと、一〇月一九日には、今週末に除幕式の措置が決定されること、「昨年同様、休戦が実施された時刻である午前一一時に、二分間すべての動きを停止することがすでに決まっている(37)」と政府の発表を報じた。ここまでは除幕式の準備が順調に進んだことがうかがえる。

しかしながら、一〇月二二日『ザ・タイムズ』は「休戦記念日におけるセノタフの除幕のための措置すべてが停止されていると本紙は理解する」と報じた。いったいどのような経緯からであろうか。その記事によると、「その措置は昨日最終的に決まる予定であったが、カーゾン卿の委員会は今や、無名戦士の遺体を〔ウェストミンスター〕アビーに改葬する式典の詳細を検討することになり、セノタフとの関係の中で措置する責任を負った。二つの式典は相互に依存することになった(38)」というのである。

この記事からは、休戦記念日まで二週間しかない段階で、無名戦士のウェストミンスター・アビーへの埋葬が正式に決まり、セノタフの除幕と関連させて式典が改めて用意されることになったことが分かる。このように、新聞報道を見る限り、「無名戦士」の埋葬は突然決まった感がある。しかも、この段階で、「無名戦士」の搬送にフランス軍を巻き込むことになる、新しい儀礼の実施が決定されたのである。もちろん、すべてはカーゾンの委員会に任されたのである。

4 「無名戦士」の埋葬と「恒久的セノタフ」の除幕
――第二回休戦記念日の二つの式典

この突然の式典変更報道の四日後に、二つの式典の概要が明らかになる。一〇月二六日付けで「無名戦士へ――アビーでの葬儀の計画――喪主としての王」というかなり長い記事が掲載された。最初に『ザ・タイムズ』のコメントとして、「王は国民を代表して無名のイギリス兵士の〔ウェストミンスター〕アビーでの改葬の喪主を務める予定である。それは、休戦記念日における陛下によるセノタフの除幕のあとに行われる。昨日、二つの式典の措置に関する予備的な声明が、式次第に責任を持つ内閣委員会の議長を務めるカーゾン卿によって発せられた。その提案はまだ内閣の承認を得なくてはならない(39)」と報じた。

この記事はこのコメントのあと、カーゾンの発表した声明をやや細かい活字で引用する。やや長文になるが、一九二〇年の第二回休戦記念日の二つの式典の基本的な考え方が読み取れるので、以下に全文掲載する。

彼〔カーゾン卿〕は、フランスにおける死者を掘り起こして改葬することに関係する軍当局に、戦争の初期に死んだ誰かの遺体を捜すように指示したと述べた。その遺体が水兵か兵士か航空兵か、また、イギリスの部隊に所属したかドミニオンの部隊に所属したかは不明のままとして、彼の身元を明かすことはしない。

その目的のために特別に制作される簡素な棺がフランスに送られ、その遺体は英仏海峡を渡って一一月一〇日夕方あるいは休戦記念日の朝に到着する。列車の手配はまだ決まっていない。

現在の考えでは、ハイドパーク・コーナーで行列が組まれ、そのあと、コンスティテューション・ヒル、ザ・マル、アドミラル・アーチ、チャリング・クロス、ホワイトホール、パーラメント・ストリートを経由してアビーに至ることになる。遺体は砲架に載せられ、国旗で包まれる。棺側葬送者には、海軍元帥、陸軍元帥および大将、空軍中将が予定されている。軍楽隊が砲架を先導し、セノタフに到達するまで絶えず演奏し、また、棺のあとには海軍、陸軍および空軍の代表が数百人ほど続く予定である。そのルートには兵士が整列し、護衛する。

二分間の沈黙

砲架はセノタフの北側で停止し、除幕式が国王によって挙行される。国王には、王子たちおよび王室のメンバー、さらには国事の卓越した代表たちが随行する。セノタフの周りでは、基壇は立ち入り禁止とし、軍隊の代表によって、また可能であれば、行列に直接代表団を送っていない補助軍および商船の代表によって、隊形が組まれる。セノタフ近くには聖歌隊が配置され、「主よ、わが助けよ」など有名な賛美歌数曲を歌うことを考えている。一一時ちょうどに除幕され、その時刻に二分間の沈黙が行われる。それは、一年前に仮のセノタフが除幕された時にすでに挙行されたものである。その休止のあと、記念碑の下に集まったラッパ隊によってラスト・ポスト〔消灯ラッパ〕の演奏が続く。そのあと、行列がウェストミンスター・アビーに向けて動き出す。砲架のあとには、国民と帝国を代表する、喪主としての王が歩いて続くことになる。

アビーには、北側の扉から入り、行列は身廊に進む。そこには西端近くにすでに墓所が選ばれている。幾分短縮された埋葬礼拝が読まれ、埋葬されていた現地の土壌の中で遺体が憩えるように、フランスから土が運ばれる。

礼拝の終わりには、レヴァリー〔起床ラッパ〕がラッパ隊によって演奏される。遺体が墓の中に降ろされると、ホースガーズ・パレードにおいて陸軍元帥の礼砲が撃たれる。王と主要会葬者は西扉からアビーを出ることになる。

アビー境内あるいはアビー内部における参列席は、（1）負傷者、（2）看護婦、（3）戦争で死んだ人の親族のために準備されるのが望ましい。アビーの内部あるいは外部、あるいは両方において庶民院議員の参列席が準備される。

二大行列

式典の間、戦争で死亡した人の親族でセノタフとアビーの訪問を希望する人々からなる二つの大群衆がホースガーズ・パレードとエンバンクメントに集められる。それから、〔無名戦士の〕行列がセノタフからアビーへ向けて移動したら、その二つの群衆は、恭しくセノタフを両側から埋め尽くす。また、〔ウェストミンスター・アビーの〕院長（ディーン）および聖堂参事会によって、葬儀のあとにアビーの〔無名戦士の〕墓をできるだけたくさんの人々が通過できるように手配がなされる。夕刻にはアビーにおいて、死者の親族だけが入場を許される死者のための礼拝が行われる。

観客席は設けない。式典に参加を望む何万人に席を委員会で用意することは不可能である。できるだけ多くの人に席を用意したいが、それ以外の人々はルートに沿って位置を占め、そのあとにセノタフとアビーを訪問することになる。除幕式のあとは人々がセノタフを通過する時に、花輪をセノタフに置くことができる。

女王と王室のその他メンバーは、政府各省の建物の窓からセノタフの除幕を見ることができる。連合国の代

表たちを招待して出席させるつもりはなく、地方の都市や町の代表を招待することも不可能である。(40)

この記事からは、第二回休戦記念日の式典について、以下の点が確認できる。第一に、「無名戦士」の遺体の選択方法から始まって、棺の用意、フランスからロンドンへの遺体の移送、式典当日の遺体の行列とその経路、遺体に対する国家の取り扱い方が詳しく指示されている。この中で特に注目したいのが、身元不明としながらも、イギリスの部隊か自治領の部隊かの制限があり、第一回の休戦記念日の記事にあった「ブリトン人」であることに注目したい。また、ロンドン市内における遺体の行列は、一九一九年七月の戦勝パレードのほぼ逆の経路をたどり、行列には軍隊の代表が数百人規模で参加することによって、かなり大規模な葬列となる。遺体は砲架に乗せられ国旗でくるまれるという最高の栄誉が与えられることになる。

第二に、遺体を乗せた砲架が到着したあと「恒久的セノタフ」の除幕式が国王によって行われ、そこには男性の王室関係者、政府関係者、さらには軍隊の代表とともに、「補助軍」と「商船」の代表も隊列に加わることが明らかになった。第二章に関連して、郷土防衛部隊を含む「補助軍」が指名されていることに注意しておきたい。また、第一回休戦記念日の式典と同じく、聖歌隊が配置され、キリスト教の賛美歌も歌われる。そして、一一時ちょうどに除幕されると同時に、「二分間の沈黙」が始まり、そのあと、ラスト・ポストが演奏される。以上がセノタフでの式典であり、そのあと遺体は王とともにウェストミンスター・アビーに移動する。

第三に、アビーでは身廊という一般信者の席が用意される場所に、遺体が埋葬される。そこではイングランド教会の儀式に則って略式の葬儀が行われ、遺体が降ろされると同時に、ホースガーズ・パレードで陸軍元帥による礼砲が鳴らされて、国王ほかが退席する。また、アビーには傷病兵、看護婦、遺族の席が用意されることになったが、これはあとで、遺族に限られるように変更がなされる。

第四に、正式に参列した遺族以外に、当日セノタフとアビーの訪問を希望する者は二カ所に分かれて集合し、セノタフでの式典終了とともに、その集合場所からセノタフに移動することになった。これは第一回休戦記念日とは異なることで、一般の参列者は一定の管理を受けることになる。観客席は設けず、式典終了後には一般の人々もセノタフに花輪を捧げることは可能とされた。

第五に、この二つの式典はあくまでも「ナショナルな」ものとして実施されること、また、地方の代表を招待することは不可能であることも確認されており、結果的に首都ロンドンの式典という性格が与えられることになる。

このあと、参列者について一定の変更が行われ、さらには、実際に「無名戦士」の移動の様子が逐一新聞報道で一般に知らされることになる。その過程を『ザ・タイムズ』の記事を追ってみよう。

一一月一日に掲載された「休戦記念日――セノタフとアビーの式典――遺族女性の定位置」の記事では、内閣の委員会が、戦死者の親族の席について次のように指示したことを報じている。

　最大の犠牲を払った親族に優先権が与えられる。政府への提案は、アビーと行政官庁の窓の限られた予約席は、女性にのみ割り当てられ、次の基準による。（1）夫と複数の息子または夫と唯一の息子を亡くした女性。（2）すべての息子あるいは唯一の息子を亡くした母親。（3）寡婦。最終的な選択はくじ引きによることが提案されており、また、それはヘイグ卿のような高い地位の将校および新聞界の1名ないし2名の監督の下で実施されることが提案されている。

　アビーとセノタフ近くの予約席は残念ながら非常に限られている。三六〇〇〇人にも達する将校と六〇〇〇〇人以上の兵士がフランスだけで戦死したので、両親や妻などの近親者は二百万人から三百万人の間と推定されている。正確な予約席の数はまだ確認されていないが、数日後に発表したい。

一一月四日木曜日を過ぎて受け取った予約席の申し込みは無効となる。この理由は、くじ引きで幸運にも予約席が割り当てられた人に招待状を送らなくてはならないからである。ロンドンへの移動などすべての可能性について自ら手配しなくてはならず、招待を受けるかどうかも決めなくてはならない。(41)

そのほかに元軍人のための席を用意することも確認されている。

一九二〇年一一月六日付け『ザ・タイムズ』の記事「休戦日――式典の最終計画――無名戦士の棺側葬送者――ヴィクトリア十字勲章の護衛」では、休戦日の式典、ウェストミンスター・アビーでの無名戦士の埋葬、セノタフの除幕式のプログラムが、最初の計画より大幅に拡大したと説明する。さらに、無名戦士の身元を調べるようなことはせず「水兵であるか兵士であるか空軍兵であるか、またイギリス軍出身であるか自治領軍出身であるかも分からない」こと、休戦記念日を公休日にしないのは、「第一に公休日は事業に支障を来すことになるからであり、第二に公休日は公の祝賀となり、厳粛で感動的な式典が行われる日にはまったく相応しくないからである」としている。さらに、「戦争で親しい肉親を失った人々に最も重要な地位を与えることが最大の関心事となるよう、入念な計画がなされてきた(42)」として、休戦日の様々な式典は、戦争で死亡した兵士の遺族を中心にしたものであることが確認されている。また、この記事では、無名戦士がヴィクトリア駅からバッキンガム宮殿、ザ・マル、ホワイトホールを経由して、ウェストミンスター・アビーまで運ばれる経路の地図も掲載され、棺側葬送者の氏名、セノタフからウェストミンスター・アビーまでは国王が随伴することも公表された。(43)

一一月九日の記事「休戦記念日――アビー礼拝――無名戦士帰還」では、新たにつくられた「恒久的セノタフ」の防水シートが前日に取り払われ、セノタフが巨大な国旗に覆われている様子が見えるようになったこと、無名戦士の遺体が翌日ブーローニュで軍艦ヴェルダンに乗船する予定であり、その後ドーバーに上陸し、列車でヴィクトリア駅に運ばれる経路も明らかにされた。さらに、一一月一一日一〇時からウェストミンスター・アビーで始まる式典の式次第が、演奏される曲や賛美歌、祈祷文を含めて、公表されている[44]。

休戦日当日一一月一一日付けの『ザ・タイムズ』紙は、「一九二〇年休戦記念日――死者への賛辞――本日の式典――無名戦士本国へ」と題する記事の冒頭、「本日、ロンドンは、休戦記念日の真の意味を表す様々な式典に、たとえすべて本人ではないとしても、同情して出席するであろう。また、ロンドンは、連合王国の人民のためだけではなく、海の向こうのイギリスの国家、政府および保護領のためにも、この役割を引き受けるであろう」と述べ、ロンドンにおける様々な式典が帝国の中に位置づけられていることが読み取れよう。また、同じページには、セノタフ周辺での式典の詳細な配置図が掲載されている。その図には、セノタフで「無名戦士」が置かれる位置が示され、国王の立つ位置、さらには、周辺には「遺族」の場所が多く配置されているのが分かる。この配置図からも、この式典の主役が「無名戦士」とそれが体現する死者および遺族であることが理解できよう[45]。また、「無名戦士　彼から学ぶもの　戦争における彼の業績　帝国の誇り」と題する記事で改めて無名戦士の意味が説明されている[46]。

翌一二日の『ザ・タイムズ』紙は「無名戦士の通過――忘れられない光景――死者へのイギリスの賛辞――偉大なる沈黙」と題する記事[47]を掲載しただけでなく、写真の掲載された四ページに及ぶ「一九二〇年休戦記念日――無名戦士の埋葬」と題する増刊号を発行した[48]。それには、写真（図1-3）とともにセノタフでの式典、ウェストミンスター寺院での埋葬の様子、さらにはセントポールや、ロンドン市長公邸、ローマ・カトリックのウェストミン

図１－３　1920年11月11日「恒久的セノタフ」の除幕式

出典：*The Times Armistice Day Supplement*, November 12, 1920, p. i .

スター大聖堂など、ロンドンの様々場所で行われた式典の様子も伝えている。最終ページの最終欄の「生者へのわれわれの責務——戦争指導者の呼びかけ」と題する記事では、退役軍人への配慮を呼びかけるメッセージが掲載されている[49]。以下、この増刊号の記事のうち、セノタフの除幕式の様子を報じた箇所を引用しておきたい。当時はまだ、ラジオ放送も行われておらず、この記事は、まるで当時の様子を映像のように文字で伝えている。**図１－３**の写真を見ながら、「セノタフにて——帝国の誇り高き追悼——王による花の捧げ物」の文章を読んでもらいたい。

> 一〇時よりかなり前、ホワイトホールとパーラメント・ストリートの端から端まで、選ばれた見物人の群衆がびっしりと整列した。無言でよそよそしく秩序ある群衆で、主に喪に服した女性から構成され、五、六人に一人は大きな花束か花輪あるいは白い菊の花の十字架を携えていた。兵士あるいは警察官の列に挟まれた車道は、弱い太陽の光の中で開けていた。しかし、空気が澄んでいるように見えたが、南北の視界は数百ヤードほどで両端には金色の靄のかたまりがあったため、ウェストミンスターもトラファルガー・スクエアも見えなかった。

内務省の扉の左右には、陰鬱な群衆とはまったく対照的に、白いサープリスを着た〔ウェストミンスター・〕アビーの聖歌隊の一団が位置した。彼らの前の車道中央にセノタフが建ち、赤・白・青の旗で覆われていた。その前の広い開かれた空間では、参謀将校、警察官、閣僚、あるいはその他特権的な招待客が、常に行き来していた。時間の経過とともに、左右の窓や屋根は、整列した人間の姿でいっぱいになった。内務省二階の続き窓には、王室の参列者席が用意され、紫布が掛けられていた。

これほど大規模な群衆が沈黙のうちに待つことはこれまで確実になかったので、咳払いや遠くの騎馬警官の落ち着かない馬のカタカタいう音が、奇妙なほど大きく伝わった。そのあと、葬送行進曲の涙にむせぶ音楽が、沈黙の中からあたかもいきなり、聞こえた。それはトラファルガー・スクエアの辺りから聞こえてきた。しかし、セノタフ周辺からは何も見えなかった。最初は限りなく悲しく弱く聞こえ、どこか霧の中から浮かび上がった。霧の上には、一つのものだけ――ネルソンの像――が、空を背景にくっきりと立っていた。ゆっくりと――何とゆっくりとしたことか――少しずつ近づいて来た。車道に整列していた部隊は、中隊ごとの響きわたる号令に従って武器を逆さにした。ついに何かが見えるようになった。開かれた車道を塞ぐぼんやりとした褐色の集団であった。楽器の真鍮に太陽が差し込み、あちこちにくっきりとした光の点が見えた。

棺の到着

一一時二〇分前に、内務省の扉から王が出てきた。恭しく車道の中央に歩み出でて、セノタフの正面北側でトラファルガー・スクエアに向いて陣取った。彼の後ろには一列に、皇太子、ヨーク公、ヘンリ王子、コンノート公が立ち、王と同様に、みな軍服を着ていた。彼らの左手、サープリスを着た聖歌隊の前には、政府のメンバーおよび前閣僚が整列した。セノタフ側から五人は、首相〔ロイド・ジョージ〕、そのすぐ後ろにアスキス氏、ボナ・ロウ氏、カーゾン卿、ウィンストン・チャーチル氏であった。上方の紫布の並んだ窓に王妃、アレクサンドラ皇太后、スペイン王妃、および王女が現れた。

今や軍楽隊はたいへん近くなり、葬儀の歩調で動き、ドラムには黒い布が垂れているのが見えた。軍楽隊は左方に展開し、セノタフの東側に下がった。今やわれわれは、軍楽隊の後ろ、道路の右手に、棺が置かれた砲架が六頭の黒馬に曳かれるのが見えた。砲架は、道路の向こう側に向きを変え、さらに回転して道路と交差する位置に移動し、王と並行する位置に曳かれた。そして王のすぐ前で、王と王子たちが直立して敬礼したとき、砲架は、ほとんど静止するほどだった。砲架が完全に停止した時、王は前に歩み出て、喪主の資格で、その上に国民の敬意の象徴であるリースを静かに置いた。

棺の後ろには、一二人の名高い棺側葬送者が、道路と交差して一列に整列した。棺がそこに止まって、王とイギリスのもっとも偉大な陸海の司令官たちとの間に、また〔道路の〕両端に集まったイングランドのもっとも優れた人々や、頭を垂れて黙ってあるいは涙にむせぶ大群衆とともにあった時、その棺は、旗に包まれ、その上にはトレンチ・ヘルメットと装備が置かれていたが、哀れで痛ましいほど小さく見えた。帝国のすべての悲しみと誇りというたいへん貴重なものを納める小箱（カスケット）に見えた。

式典

軍楽隊がセノタフを通り過ぎると、ウェストミンスターの鐘が、音楽よりもひときわ高く、一一時一五分前であることを告げた。遅れて砲架が向きを変えると、陸海空軍を代表する会葬者の長い縦隊が左右に分かれ、セノタフの両側に三列縦隊で道路に整列した。海軍、陸軍、空軍の兵士たちであった。ホースガーズまで続く彼らのあとには、退役軍人が四列縦隊で止まっていた。行列が停止するとすぐに、軍楽隊は「主よ、わが助けよ」の冒頭の音を演奏した。それは聖歌隊に、さらに見物人に引き継がれた。感動して彼らが歌うことができないということはなかった。それはすばらしく感動的であった。恐ろしいドラムの悲痛な音が大きくなり、金管や歌声を聞こえなくさせるほどであった。静寂が訪れた時、カンタベリー大主教は王の右手近くに進み出て、棺に向かい、「主の祈り」を始めた。脱帽して静止したままの王がそれを唱和し、大集団が続いた。祈りは止み、ほとんど三〇秒ほどの沈黙ののち、ウェストミンスター方面からの遠方の号令が聞こえ、そのあとビッグベンの最初のとどろく鐘の音が鳴った。それは、夜明けの静寂の中でそれを聞くよりもはるかに大きな音であるように思えた。王は向きを変えてセノタフに向かい、ボタンを押してセノタフを隠していた旗を外した。それらの旗は落ち、セノタフは、真新しく、そのむき出しの美しさにおいてすばらしい状態で建っていた。

沈黙

ビッグベンの音が止み、時の刻みそのものが停止した。沈黙の中で、近くのすすり泣きだけが聞こえ、群衆は頭を垂れた。祈りや感謝の言葉に際して強いられる同じ考えが、一人一人に思い浮かんだに違いない。その都市〔ロンドン〕全体だけでなく帝国全体に、また世界の海でもそうであったように、骨の折れる仕事から手を下ろし、声が静まり、様々な都市や人民は動きを止めたままになり、その一方でエンジンは振動を止め、車輪は動かなかった、という考えである。そのあと突然、かん高い耳をつんざくような、苦痛の声そのもの――しかし勝利に満ちた苦痛――ラスト・ポストの澄んだラッパの音が聞こえてきた。

最後の音が消えたとき、王は歩み出て、セノタフの北側の基壇に大きなリースを置いた。皇太子はその隣にリースを置き、西側では首相が同じようにリースを置き、そのあと、植民地の代表、フランス人民の代表が続いた。セノタフのウェストミンスター方面側では、武器を逆さにした射撃部隊とラッパ隊はすでに軍楽隊の間を移動していた。軍楽隊は演奏しながら出発したが、向きを変えて反対方向に行進し、あとに続いた（すばらしい展開動作であった）。軍楽隊の背後では、カンタベリー大主教が定位置へと移動し、他の聖職者が続いた。大切な荷を載せた砲架は旋回して、セノタフを通過し、聖職者のあとに続いた。そのあと、王、王子たち、政府のメンバー、その他顕著な人々が行進した。そのあとには、道路の両側から集まった、陸海空軍の会葬者が六列縦隊で完璧な配列で出発し、そのあとには退役軍人が続いた。ゆっくりと葬列の歩調で、すすり泣く軍楽隊のあとを、このように再び形成された行列がアビーへ向けて通りすぎて、ロンドンがこれまで経験した、もっとも悲しくもっとも荘厳でもっとも美しい式典は終了した。無名戦士は憩いの地へと近づいた。

行列がいなくなると、四名の歩哨――海軍、陸軍、空軍および海兵隊から各一名――が、持ち場につき、逆さにした武器に寄りかかるようにセノタフの四隅に立った。すぐに、スコットランドヤードから、リースを携えた警察官から構成される別の行列が近づいた。同時に、作業員が現れて、障害物を築き始めた(50)。

かくして、「恒久的セノタフ」は、国家によって周到に準備された除幕式において「無名戦士」の「巡礼」とともに、王によるリースの奉献を直接受けることによって聖化され、国家の戦死者追悼施設となったのである。それだけではなかった。「恒久的セノタフ」は除幕式終了後、「民衆の巡礼」を受けることになる。

5　大巡礼——会葬者の疲弊した待ち時間

一九二〇年一一月一二日付けの『ザ・タイムズ休戦日増刊号』には、「大巡礼——会葬者の疲労した待ち時間」と題する記事が掲載され、除幕の済んだ「恒久的セノタフ」の基壇に女性たちが花束を捧げようと長い行列をつくり、一一月の寒い中、数時間も待たされている様子が報道されている。(51) これは、セノタフが国家の追悼施設としての機能を獲得するに際して「民衆の巡礼」が重要だったことを示す記事である。

忍耐力の試練

セノタフとウェストミンスター・アビーへの大巡礼は、一般大衆が行進の単なる見物人ではなく、無名戦士への感謝として自らを認めることのできる主要な手段であるが、何万という人々によって行われた。いかなる状況にあっても、それは苦しい試練であったはずである。というのも、それに参加した人々の非常に大多数は、戦争において自分たちの親しく大切な人を失っていたからである。また、自分たちの精神の中で、無名戦士は、名前のない墓に埋葬された行方不明の兵士である自分の息子、夫あるいは兄弟だと認める人々がたくさんいた。ある年配の男性は、「私は二人の息子を向こうで亡くしたが、別の人が——」と述べ、無言だが暗示された言葉「ここにいるかもしれない」は、もっと多くの人々の密かな考えを表現しただけであった。そこにいた人々の一部は、見物人として、その瞬間のアトラクションに引きつけられただけであった。しかしながら、概して、柵が除去されてホワイトホールに入るのを許可されるのを、列をなして待っていたのは、異常なほど静かで厳粛で悲しみに満ちた群衆であった。たくさんの年配の人びとがいた。非常にかよわく見える年配の女性たちだったので、人は彼女らの忍耐力に驚いたが、勇気に満ちあふれ、友人の助けを借りてアビーに到達しようと決意していた。その母親に連れられた多くの乳飲み子や幼い児童もまた、彼らの父親の含まれる栄誉の死者に対する国民の感謝の行事に、参加を余儀なくされたのである。ほとんどの人びとは、セノタフの台座に置く予定の、リースや花束を持っていた。

大巡礼はうまく始まったが、多くの人びとにとって、それは大失敗に至った。柵の外側で特別警察官によって統率された長い列は秩序正しく平静であった。待ち時間が長いと思われたとしても、会葬者たちは、その場で実際に行われた予防措置がなかったならば、混乱と無秩序の絶望的な光景が生じてしまうに違いないと考えることで、自らを励ました。トラファルガー・スクエアでは、二つの大きな列ができた。一つは、約二〇列でノーサンバーランド・アヴェニューを下ってヴィクトリア・エンバンクメントに至り、そのあとノーサンバーランド・アヴェニューを逆戻りしてストランドへ続いた。もう一つの列は、アドミラルティ・アーチからピカデリー・サーカスに続いた。ホースガーズ・アヴェニューを下る列もあった。それはノーサンバーランド・アヴェニューにおける列からあふれ出たものであった。ホースガーズ・パレードのもう一つの列は、何千人以上を、ホワイトホールのセノタフへと集めた。

女性に対するひどい重圧

トラファルガー・スクエアの二つの柵を通じて入った主要な流れを構成した人々は、ホワイトホールに達したあと午後になるとひどい状態になった。大巡礼は忍耐力の大試練へと変わった。人々は、広い大通りの半分にまで広がる密集した群衆の中に詰め込まれて、一時間半も動かず、そこに立ったまま放置された。ようやく動き始めた時には、その光景は、戦死者に名誉を与える会葬者の行列というよりも、フットボールのスクラムに似ていた。多くの人々は、長い鉄道旅行のあと、その日の悲しみや列の中で何時間も待ったことによって、気が動転して、あまりに疲労がひどかった。それは実に忍耐力の試練であったので、何百人という人々が諦めた。その一方で、諦めたくない人々のうち大部分は、セノタフを通過して、基壇が見えなくなるほどますます高くなる重なりの上に、恭しく自らの花を置いたが、アビーに通じる列で予想されるさらなる待ち時間には肉体的に耐え切れず、列を離れた。正午にノーサンバーランド・アヴェニューの列に参加した白髪の老婦人は、五時半にようやくセノタフに到達した。二時に並んだその他の人々は、六時頃セノタフを通過した。

午後が夕暮れに変わり、夕暮れが暗闇となる間の疲れて退屈な待ち時間に、セノタフが半ば隠れるほどの霧が立ちこめ、実際にセノタフ全体が隠れるまでに至ったのである。その時の際立った特徴は、親切で有能な警察官がそのルートに沿って並び、群衆をできるだけ秩序正しく快適に維持したことであった。群衆の多くは、朝の早い時間に家を出たが、彼らはまさに義務で来ているかのように、なお機嫌良く思慮深かった。とても年配でか弱い人や、幼い子供を連れた母親を選び出して、その人たちを先に行かせる際のマナーは、賞賛すべきものであった。

午後の混雑の原因は、ホースガーズ・アヴェニュー近くで様々な流れが一つになる隘路に、あまりにも多くの人々を詰め込み、また、その行列がセノタフに近づくにつれてできるだけ幅広くしようとしたことであった。ホワイトホールの東側で列を狭くすれば、もっと早く進んだことであろう。実際には、密集した群衆が、およそ二〇列あるいは三〇列で、ダウニング・ストリートからトラファルガー・スクエアまでぎっしりと詰め込まれて、進んだとしてもほんの数インチずつであった。また、その巡礼を統制する人々は、四列でホースガーズ・パレードを通り抜けて来る行列が、セノタフを通過する速度について、銘記すべき教訓を得た。それほど強健ではない人々が、今日明日の大巡礼に参加することが可能となるには、その大巡礼が動きのある本物の行進となり、忍耐力の試練でなくなる必要がある。

夕方には、トラファルガー・スクエアの二つの柵から入る人々を二つの行列に分けることで、一定の改善が見られた。しかしながら、混雑のたどる自然の結果として、再び、列をできるだけ幅広くする傾向が生じた。一巡するためにはほとんど二時間かかった。このため、ノーサンバーランド・アヴェニューの柵で始まる列は、エンバンクメントに沿って進み、ブリッジ・ストリートの角を曲がって、ウェストミンスター地下鉄駅を越えて続いた。ホワイトホールのチャリング・クロス側の第二の行列の布陣は、ホースガーズ・パレード・グラウンドの列に合流して、そこでホワイトホールに入る人々の歩みを遅らせる傾向があった。このルートでの巡礼は、約一時間を要した(52)。

『ザ・タイムズ休戦日増刊号』の記述からは、セノタフさらには無名戦士の墓に花輪や花を捧げようとした女性たちの行為はまさに苦行としての「巡礼」であった。おそらく、このような報道がさらに、一四日日曜日の「巡礼」につながるのである。『ザ・タイムズ』は一一月一五日月曜日に、前日の日曜日に多くの人々がセノタフを訪れた様子を「週末大巡礼」と表現して、「日曜日のセノタフ」と題する写真(図1－4)を掲載している(53)。この写真からは、休戦日当日の「大巡礼」の様子を想像することができる。公式の式典である王による除幕式とリースの奉献、「二分間の沈黙」の終了後、王がウェストミンスター・アビーへ移動したあとの「大巡礼」が、おそらく人びとにとって大きな意味を持っていたのではないだろうか。

おわりに

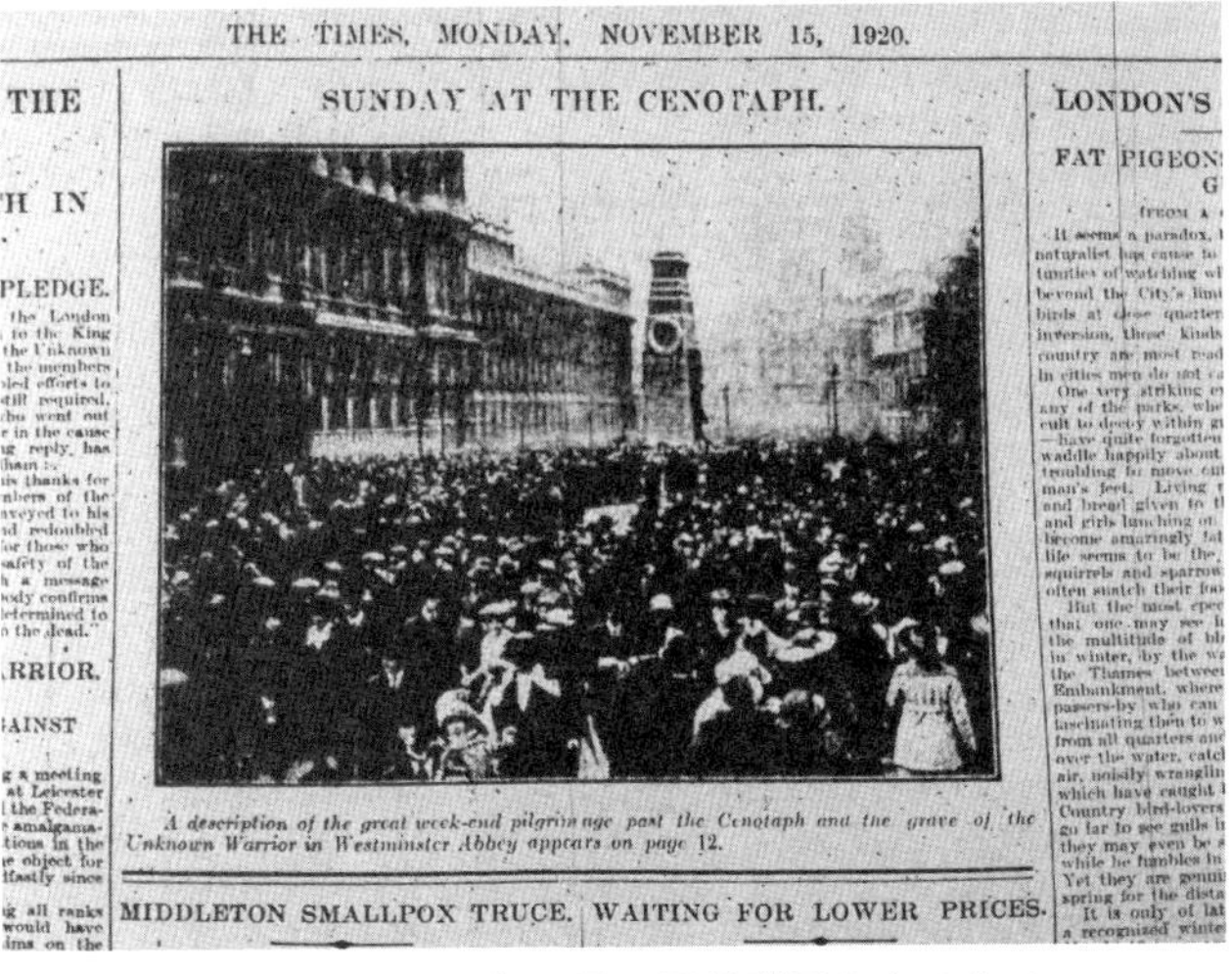
THE TIMES, MONDAY, NOVEMBER 15, 1920.

SUNDAY AT THE CENOTAPH.

A description of the great week-end pilgrimage past the Cenotaph and the grave of the Unknown Warrior in Westminster Abbey appears on page 12.

MIDDLETON SMALLPOX TRUCE.

WAITING FOR LOWER PRICES.

LONDON'S

FAT PIGEONS

図１－４　1920年11月14日日曜日のセノタフ

出典：*The Times*, November15, 1920, p. 9.

戦勝パレードのための「小道具」として建設された「仮のセノタフ」は、戦勝パレード当日から、一般の人々の「巡礼」の対象になったのである。しかしながら、これは必ずしも政府が当初から意図したことではなかった。言い換えれば、「仮のセノタフ」は、一般の人々、特に夫や息子を戦争で失った女性たちが花を捧げて死者を悼む場として、国家の思惑を越えた形で「巡礼」の対象となったのである。もちろんそこには大衆新聞のキャンペーンもあったとはいえ、高級紙『ザ・タイムズ』でさえ、女性たちのこのような行動に「巡礼」の言説を使ったのである。「仮のセノタフ」には、ウィンターの「悲しみの場」の概念がまさに当てはまるように思われる。

しかしながら、セノタフは決して「悲しみの場」としてのみ存在していくわけではない。一一月一一日には毎年、このセノタフにおいて、一九二〇年以後はホワイトホールのセノタフとウェストミンスター・アビーの「無名戦士の墓」において、国家の追悼式典が行われることになるからである。しかも、式典には毎年新たな要素が加わり、その呼び名も「休戦日」「追悼日」「ポピーの日」「追悼日曜日」など新たな名称が重層的に加わっていく。一九二〇年代、一九三〇年代と徐々に変化し、第二次世界大戦期を経て、戦後は一一月一一日の直近の日曜日に「追悼日曜日」として式典が行われている。また一一月一日の「万聖節」などとも結びつき、「追悼節」として一定期間様々な式典が行われるようにもなる。セノタフは「悲しみの場」では済まされない「国家の追悼施設」として、また「顕彰の場」としての新たな役割を帯びていくことになる。

もう一点確認しなくてならない重要な点がある。

一九二〇年一一月一一日以後は、第一次世界大戦の戦死者の追悼の場として、ロンドンにはホワイトホールのセノタフとウェストミンスター・アビーの無名戦士の墓という二つの施設が併存することになる。国家によって建設されたセノタフは、非宗教的な新古典様式で建設されたという点で、すぐれて二〇世紀の国民国家を体現するものであったと思える。しかしながら、すでに述べたように、セノタフは、当初から国家の意図しなかった「巡礼」を通じて民衆的な性格を帯びていたのである。その際、必ずしもキリスト教的な宗教性と結びつくことなく、むしろその場に戦死者の霊が降りてくるという心霊主義的な特徴を帯びることにもなった。ジェンダーの問題について言えば、「仮のセノタフ」でも序幕直後の「恒久的セノタフ」でも、女性たちが「巡礼」の主役となっていたのである。

これに対して、無名戦士の墓は、一定の政治的思考を持った退役軍事組織、さらにはイングランド教会というイギリスの国家宗教が大きな役割を演ずることになる。一九二三年一一月一一日の日曜日に予定された休戦記念日には、これまでのセノタフではなくウェストミンスター・アビーで、式典の一部となる礼拝を実施する計画が発表された(54)。ウェストミンスター・アビーそれ自体がイングランド王室の歴代の墓所としての性格を有することを考えると、無名戦士の墓そのものに、イギリス的な文脈での国民国家の側面を認めざるを得ない。しかしこの政府提案はセノタフの神聖性を理由とする反対論にあい、政府はすぐに撤回せざるをえなかった。[55] このような意味で、セノタフと無名戦士の墓には一種の逆説が見て取れるのではないだろうか。

注

（1）最初に建設された「仮のセノタフ」については、Penelope Curtis, "The Whitehall Cenotaph: an accidental monument," *Imperial War Museum Review*, No. 9, pp. 31-41, 1994が政府の内部資料を使って詳細に検討している。カーティスは副題で、セノタフを「偶然の記念碑」と呼んでいる。

（2）「仮のセノタフ」から「恒久的セノタフ」への建て替えの経緯についても、カーティスの論文が詳しい。

（3）"The Memorial to the Dead", *The Times*, Saturday, July 19, 1919, p. 15.

（4）"Britain's Wonderful Day," *The Sunday Times* July, 20, 1919, p.11.

（5）Ibid.

（6）Ibid., p.12.

（7）"The Salute to the Dead," *The Times*, Monday, July 21, 1919, p. 16.

（8）"Britain's Wonderful Day," *The Sunday Times* July, 20, 1919, p.12.

（9）Ibid.

（10）"Peace Day Points. Interesting Incidents from all parts," *The Sunday Times*, July 20, 1919, p. 14.

（11）David W. Lloyd, *Battlefield Tourism: Pilgrimage and the Commemoration of the Great War in Britain, Australia and Canada, 1919-1939*, Oxford, 1998, p. 56-59.

（12）"The Cenotaph in Whitehall, To the Editor of *The Times*," *The Times*, Monday, July 21, 1919, p. 8.

（13）"The Cenotaph in Whitehall." *The Times*, Thursday, July 24, 1919, p. 17. 質問に立ったオームズビー・ゴアは、第一次世界大

戦中は中東において情報将校として活動し、当時のシオニストの指導者ハイム・ヴァイツマンとつながりのある人物であり、パリ講和会議イギリス代表団の一員でもあった。第二次世界大戦中は反ナチの急先鋒になる。*The Concise Dictionary of National Biography*, Vo. III, pp. 2253-2254.

(14) "The Whitehall cenotaph, Permanent Memorial on the present site," *The Times*, Thursday, July 31, 1919, p. 12; "The Cenotaph in Whitehall, Westminster City Council's Consent," *The Times*, Wednesday, August 13, 1919, p, 7.

(15) "Cenotaph to remain in Whitehall," *The Times*, Wednesday, December 10, 1919, p. 20; "The Cenotaph Site, Parliament-SQ. proposed by Westminster," *The Times*, Friday, December 19, 1919, p. 9.

(16) "The Cenotaph, Temporary structure to be pulled down next week," *The Times*, Wednesday, January 14, 1920, p. 12; "The Cenotaph," *The Times*, Tuesday, January 20, 1920, p. 6.

(17) Adrian Gregory, *The Silence of Memory: Armistice Day 1919-1946,* Oxford, 1944, p. 9.

(18) *The Times*, Friday, November 7, 1919, p. 12.

(19) "Signal by Maroons in London. All Trains in the Country to Stop," in Ibid.

(20) Ibid.

(21) "The Glorious Dead, Tuesday's Two Minutes Silence. Maroon Signals. The Churches' Appeal," *The Times*, Saturday, November 8, 1919.

(22) "The Glorious Dead: Today's Tribute. Arrangements and Services. Empire Silence," *The Times*, Tuesday, November 11. 1919, p. 14.

(23) "The Great Silence. Nation's Homage to its Dead. Scenes at the Cenotaph. A Perpetual Lesson," *The Times*, Wednesday, November 12, 1919, p. 15.

(24) "Before the Cenotaph. Their Majesties' Wreath. A Cabinet Tribute," *Ibid*., p. 16.

(25) "Comrades of the War. The Blind and Maimed in Whitehall," *Ibid*., p. 16.

(26) "The Cenotaph. Temporary Structure to be pulled down next week," *The Times*, Wednesday, January 14, 1920, p. 12.

(27) "The Cenotaph. Simple inscription for permanent memorial," *The Times*, Friday, January 16, 1920, p. 12.
(28) "The Cenotaph," *The Times*, Tuesday, January 20, 1920, p. 6.
(29) "The Cenotaph," *The Times*, Tuesday, February 24, 1920, p. 9.
(30) "7.5 Inch model of the Cenotaph," *The Times*, Saturday, April 10, 1920, p. 9.
(31) "The Cenotaph," *The Times*, Wednesday, July 14, 1920; *The Times*, Tuesday, July 15, 1920, p. 18,
(32) "The Cenotaph. Difficulty of obtaining the stone," *The Times*, Monday, July 26, 1920, p. 11.
(33) "The Cenotaph," *The Times*, Tuesday, August 10, 1920, p. 15.
(34) "The Cenotaph," *The Times*, Friday, September 10, 1920, p. 11.
(35) "The King and the Cenotaph," *The Times*, Thursday, September 30, 1920, p. 10.
(36) "Cenotaph Unveiling. No stands or privileges," *The Times*, Wednesday, October 13, 1920, p. 7.
(37) "Cenotaph," *The Times*, Tuesday, October 19, 1920, p. 12.
(38) "Cenotaph," *The Times*, Friday, October 22, 1920, p. 10.
(39) "To the Unknown Dead. Plans for Abbey funeral. The King as chief mourner," *The Times*, Tuesday, October 26, p. 10.
(40) Ibid.
(41) "Armistice Day. Cenotaph and Abbey ceremonies. Places for bereaved women," *The Times*, Monday, November 1, 1920, p. 12.
(42) "Armistice Day. Final Plans for the Ceremony. Unknown Warrior's Pall-bearers. V.C. Bodyguard," *The Times*, Saturday, November 6, 1920, p. 10.
(43) Ibid., pp. 10, 12.
(44) "Armistice Day. The Abbey Service. Unknown Warrior's Home-Coming," *The Times*, Tuesday, November 9, 1920, p. 12. ただし、この記事の隣の欄には、「栄誉の恩義。企業への呼びかけ。『教訓の機会』」と題する記事で、「昨日始まった『恩義週間 Obligation Week』の重要事は、この前の金曜日〔五日〕に皇太子によってロンドン市長公邸でなされたアピールである」として、失業した元将校および元兵士を雇用するよう企業に呼びかけた。 “Debt of Honour. Appeal to Business Firms. A Chance to Learn,” Ibid., p. 12.

(45) “Armistice Day, 1920. Tribute to the Dead. To-Day's Ceremonies. Unknown Warrior Home,” *The Times*, Thursday, November 11, 1920, p. 14; “Sketch Plan of Cenotaph Area To-Day,” Ibid.

(46) “The Unknown Warrior. What We Know of Him. His Achievements in the War. The Empire's Pride,” Ibid., pp. 15-16.

(47) “Passing of the Unknown. Memorable Scenes. Britain's Tribute to the Dead,” *The Times*, Friday, November 12, 1920, p. 12.

(48) *The Times Armistice Day Supplement*, November 12, 1920, pp. i-iv.

(49) “Our Debt to the Living,” in ibid, p. iv.

(50) “At the Cenotaph. An Empire's Proud Remembrance,” in Ibid., p.i.

(51) “The Great Pilgrimage. Mourners' Weary Hours of Waiting. A Test of Endurance,” Ibid., p. ii.

(52) Ibid.

(53) “Sunday at the Cenotaph,” *The Times*, Monday, November 15, 1920, p. 9.

(54) “Armistice Day Arrangements. Mr. Baldwin to speak in Trafalgar-square,” *The Times*, Saturday, October 20, 1923, p. 8.

(55) “Armistice Day. Cenotaph Service to be held. Cabinet concession to public feeling,” *The Times*, Tuesday, October 23, 1923, p. 12.

第2章

ロンドン・シティの市民的記念碑「ロンドン部隊記念碑」

――地域の市民的愛国心

はじめに

ロンドン・シティには、多種多様な戦争記念碑が点在するが、大通りなど公共の場に設けられている記念碑はそれほど多くはない。世界の商業や金融に関わる様々な取引所や金融機関に設けられたものは、多くがその建物内や中庭に置かれているからである。また、シティの領域に無数に存在する小規模な教会にも記念碑は置かれているが、こちらも多くは聖堂内に設置されることが多い。これについては、第三章で論じる。このような中で、シティの中心に位置する王立取引所前の「ロンドン部隊記念碑 London Troops Memorial」は、シティを代表する市民的な戦争記念碑と言って良いであろう（図2－1）。イギリスの多くの地域コミュニティに置かれた戦争記念碑は市民の寄付によって建立されたものであり、その保存と追悼式典はそれぞれの地域コミュニティによって現在まで続いている。この「ロンドン部隊記念碑」でも、毎年一一月一一日の直近の日曜日（「追悼日曜日」）午前一一時にホワイトホールのセノタフにおいて実施される政府主催の追悼式典の後、正午ごろからこの「ロンドン部隊記念碑」前の広場で、シティの市長「ロード・メイヤー」の参加するシティの追悼式典が今でも行われている。本章で扱う「ロンドン部隊記念碑」は、ロンド

図2－1　ロンドン部隊記念碑

筆者撮影.

ン・シティという共同体にとって、「国家の戦死者追悼施設」としてのセノタフに匹敵する、重要な記念碑なのではないかと筆者は考えている。

また、多くの戦争記念碑には「王と祖国のために」命を捧げたという文が通常刻まれているが、この「ロンドン部隊記念碑」には「王と帝国のために」とあり、「帝国」の文言が刻まれている点も注目される。この記念碑にある「帝国」とは、世界の商業と金融の中心であったロンドン・シティにとって、どのような意味を持つ言葉なのであろうか。この問題は次の第三章のイングランド銀行の戦死者追悼とも関わってくる課題であり、本書全体を通しての筆者の課題でもある。

本章では最初に、「ロンドン部隊記念碑」という記念碑そのものを分析することによって、記念碑が設置された場の問題、記念碑の銘文の分析、記念碑の背後に刻まれた「ロンドン部隊」を構成する個々の連隊や大隊がどのような軍隊だったのか、記念碑の基礎的な概要を示したい。次に、一九一八年一一月一一日の休戦前後における「ロンドン部隊」の引揚げから、彼らの歓迎式典や戦死者の記念碑設立など、ロンドン・シティ自治体の動向を新聞資料から復元する。その上で、一九二〇年一一月一二日の記念碑の除幕式について、全国紙『ザ・タイムズ』がその除幕式をどのように報じたのか、さらには、ロンドン・シティの週刊の地元紙『ザ・シティ・プレス』がその除幕式をどのように報じたかを分析する。全国紙が報じた除幕式と地元紙の報じた除幕式の違いを確認することで、あるいは両者の報道を総合することで、「ロンドン部隊記念碑」を多様な視点から分析することができる。ロンドン・シティという特殊な地域コミュニティにおける第一次世界大戦の戦死者追悼を分析することを通して、地域コミュニティのアイデンティティを、ナショナルなアイデンティティあるいは愛国心へと繋げる経路を見出したい。

本論に入る前に、イギリスの戦死者追悼の問題を考える上で、「ロンドン部隊記念碑」というロンドン・シティの市民的記念碑の分析がどのような意味で重要かを論じておきたい。一つは、戦争記念碑研究における地域コミュニティに所属する記念碑の重要性である。もう一つは、本章あるいは本書全体で資料として使う全国紙・地方紙を含めた新聞資料の戦争記念碑研究における重要性である。

最初に、戦争記念碑を研究する際に地域コミュニティのアイデンティティの問題と関連付けるという研究史上の課題についてである。第一次世界大戦一〇〇周年を記念して出版されたケンブリッジ大学の第一次世界大戦シリーズの中で、スケイツとホイートリーが、戦死者追悼記念碑が地域のイニシアティヴによることを確認した上で、ナショナルな戦死者追悼の中に位置づけ直すべきだと提言している。[1] これまで日本では、第一次世界大戦の戦死者追悼あるいは戦争記念碑一般が、国民国家、国民形成の視点から論じられる傾向が強かった。[2] 欧米では以前から地域社会のアイデンティティの問題と関連付けて戦争記念碑を扱う傾向があった。[3] 筆者は、戦争記念碑や戦死者追悼式典の研究はこのような幅広い研究動向の中に位置づけるべきであり、地域社会のアイデンティティの問題として捉え直そうと考えている。

第二に、戦争記念碑研究における新聞資料の重要性についてである。第一次世界大戦の戦争記念碑の除幕式やその後の毎年の追悼式典については、『ザ・タイムズ』をはじめとして、高級紙、大衆紙を含めて全国紙で大々的に報じられ、写真やイラストも掲載されている。『ザ・タイムズ記事索引』*Index to The Times* の「戦争記念碑 War Memorial」の項目を一瞥すると、第一次世界大戦後いかに多くの記念碑が設立されたかが分かるとともに、かなり狭い地域コミュニティの記念碑設立の情報までが『ザ・タイムズ』に掲載されていることに驚く。[4] もちろん、その地域共同体に第一次世界大戦の戦死者追悼のための記念碑が建設されたと記載されただけの短い記事も多いが、主要都市や何らかのエピソードのある場合には、市民による寄付金の募集開始から、どこに建設するかの議論や、式典の式次第まで報じられることもある。さらには、その後どのように式典が続けられたかについても報じられている。それだけ、第一次世界大戦直後の時期には、それぞれの地域社会の住民だけでなく、イギリス国民にとって戦争記念碑設立の情報が重要であったと確認できよう。

それでは「ロンドン部隊記念碑について論じることにしよう。

1 ロンドン部隊記念碑

最初に、ロンドン部隊記念碑そのものについて確認しておこう。

この記念碑は、文字が刻まれた記念碑本体に、兵士像二体と頂上のライオン像一体のブロンズ像が付随する。この記念碑が置かれた場は、地下鉄「バンク」駅を出てすぐのところで、王立取引所、イングランド銀行、マンション・ハウス（シティの市長公邸）に囲まれた、いわばシティの経済と市政の中枢である。現在でもビジネスマンが行き交うが、当時も様々な階層の人々が行き交うシティの中心的な場であった。

記念碑正面には、その趣旨を記載した銘文が刻まれ、台座部分には設立の経緯を示す銅板がはめ込まれている。背面には、第一次世界大戦時の「ロンドン部隊」を構成する部隊名が記されている。

記念碑正面には以下のように刻まれている。

一九一四〜一九一九年の大戦において王と帝国のために従軍したロンドンの士官、下士官、兵士の名誉のために、この記念碑はロンドンのシティ及びカウンティによって誇り高く感謝の意を表して、捧げられる。彼らの名前は永遠なり。

一九二〇年一一月一二日陸軍元帥コンノート公殿下の代理ヨーク公殿下によって除幕された。

そして、われわれは、この碑に記された多くの部隊の名称と任務が変わったにもかかわらず、一九三九～一九四五年の戦争でロンドンのシティ及びカウンティのすべての部隊に従軍した男女に栄誉を捧げ、追悼する。

（台座の銅板）

サー・ホレス・ブルックス・マーシャル大佐閣下（ロイヤル・ヴィクトリア勲章中級勲爵士、法学博士）がロード・メイヤーの職にあった平和な一九一九年に、マンション・ハウスで一般からの寄付によって建立された。

この記念碑正面に刻まれた銘文について三つの点を指摘しておきたい。

第一に「王と帝国のために」という表現である。通常、第一次世界大戦の戦死者追悼のための記念碑には「王と祖国のために」と記載されている。この「帝国」には、植民地帝国としての「イギリス帝国」だけでなく、それを越えた意味合いを含んでいる。むしろ、世界的規模で取引を行うシティのプライドを示しており、世界の金融市場としてのロンドン・シティの誇りがこのような表現になったと解釈できる(5)。

第二に、ロンドン部隊記念碑は、シティだけでなく、カウンティとしてのロンドンが関わっている。シティは、ロンドンの旧市街で、かつては市壁（ロンドンウォール）に囲まれた区域で、現在でも伝統的な統治機構を持つ。一

図２－２　ロンドン部隊記念碑背面のロンドン部隊一覧

筆者撮影.

二一五年にジョン王の勅許状によって市長を毎年選ぶ権利を与えられ、その後一時王の支配が復活したが、ヘンリ八世に始まるテューダー朝の下で商業の中心として発展し、一七世紀にはペスト流行とロンドン大火を経て、商業がさらに発展し、一八世紀にはイングランド銀行、マンション・ハウス、ギルドホールなどの建築物が建てられ、現在の景観につながる。

これに対して、カウンティは広域のロンドン市である。一八八八年の地方自治体法の制定によって、州と同等な権限を持つロンドン市議会 London County Council が一八八九年に誕生し、三年ごとに選挙で議員が選ばれた。行政区としてはロンドン・カウンティ County of London と呼ばれる広域ロンドンの誕生であった。第一次世界大戦期には、シティとカウンティの二つのロンドンがあったことになる。

第三に、台座の銅板からは、ホレス・マーシャルがシティの市長である「ロード・メイヤー」を務めた一九一九年に一般からの寄付によってこの記念碑が建立されたことが分かる。

第二節と第三節の叙述の中で、以上三点の持つ意味が明らかになるので、ここでは記念碑の銘文から分かることのみを確認しておく。

さて、記念碑の背面にはロンドン部隊の名称が刻まれている。記載された部隊名を図２－２の写真から復元した

表2－1　ロンドン部隊名一覧

Royal Fusiliers (City of London Regmt).	
The Honourable Artillery Company.	
Yoemanry.	1 st County of London (Middlesex Husrs). City of London (Roughriders). 2 nd County of London (Westminster dragoons). 3 rd County of London (Sharpshooters).
Artillery.	1 st London (City of London) Brigde R.F.A. 2 nd London (County of London) Bde R.F.A. 3 rd London (County of London) Bde R.F.A. 4 th London (County of London) Bde R.F.A. 5 th London (County of London) Bde R.F.A. 6 th London (County of London) Bde R.F.A. 7 th London (County of London) Bde R.F.A. 8 th London (County of London) Bde R.F.A. 1 st and 2 nd London Heavy Batteries R.G.A.
Engineers	1 st London Divisional Royal Engineers. 2 nd London Divisional Royal Engineers. London Electrical Engineers. London Army Troops Royal Engineers
The London Regiment.	
City of London Battalions.	1 st Battalion (Royal Fusiliers). 2 nd Battalion (Royal Fusilers). 3 rd Battalion (Royal Fusillers). 4 th Battalion (Royal Fusiliers). 5 th Battalion (London Rifle Brigade). 6 th Battalion (Rifles). 7 th Battalion 8 th Battalion (Post Office Rifles).
County of London Battalions	9 th Battalion (Queen Victoria's Rifles). 10th Battalion (Hackney). 11th Battalion (Finsbury Rifles). 12th Battalion (Rangers). 13th Battalion (Kensingtons). 14th Battalion (London Scottish). 15th Battalion (Civil Service Rifles) 16th Battalion (Queen's Westminster Rfls). 17th Battalion (Poplar & Stepney Rfls)/ 18th Battalion (London Irish Rifles). 19th Battalion (St. Pancras) 20th Battalion (Blackheath & Woolwich) 21st Battalion (First Surrey Rifles) 22nd Battalion (The Queens) 23rd Battalion 24th Battalion (Queens) 25th Battalion (Cyclists) 28th Battalion (Artists Rifles) 33rd (City of London) Batt. (Rifle Brigade) 34th (County of London) Batt. (K.R.R.C.)
	Royal Army Service Corps London units Royal Army Medical Corps London units Royal Army Veterinary Corps Lon. Units Territorial Force Nursing Servce Lon. Div. Voluntary Aid Detachments

出典：この一覧は、図2－2のロンドン部隊記念碑背面の写真から復元した。

のが表2－1である。最上部には、王立フュージリア（シティ・オブ・ロンドン連隊）、オナラブル・アーチレリ・カンパニーが並ぶ。その下には、義勇騎兵団（ヨーマンリ）、砲兵隊（アーチレリ）、工兵隊（エンジニアズ）、ロンドン連隊（レジメント）の順に区分されている。ロンドン連隊は、シティ・オブ・ロンドン旅団（ブリゲイド）とカウンティ・オブ・ロンドン旅団に区分され、シティ旅団とカウンティ旅団を通して連続した大隊番号が付されている。それぞれの大隊（バタリオン）にはそのニックネームや地域名を付したものが多い。その下には、補助部隊として、陸軍輸送部隊、陸軍医療部隊、陸軍獣医部隊、郷土防衛軍看護部隊、救急看護奉仕隊が記されている。

以上の軍隊名称の記載のあり方から、いくつかの点が確認できよう。第一に正規軍四個大隊を擁するロンドン・シティ唯一の正規軍である王立フュージリア（シティ・オブ・ロンドン連隊）はロンドン西部郊外のハウンズローに本部を置くが、ロンドン・シティにとって特別な意味を持つとされる。第二にオナラブル・アーチレリ・カンパニーはヘンリ八世以来の歴史を持つ部隊であり、現在でも予備軍であり、その本部と練兵場はシティ内に置かれ、現在でも様々な式典に必ず登場する部隊で、シティと歴史的に緊密な関係を有している。第三に、義勇騎兵団は一七六一年以来の伝統を持つ志願兵部隊であるが、一九〇八年以後郷土防衛軍 Territorial Force に編成された、市民の志願による予備軍である。一九世紀には、国内の治安維持に使われた。第四に、ロンドン連隊は市民による志願兵部隊で構成され、シティとカウンティの区分が部隊編成にも反映されるとともに、それぞれの大隊本部はロンドンの地域コミュニティに置かれ、地域名が記載されているように、ロンドンの中の小規模な地域コミュニティと緊密な関係を維持している。なお、ロンドン連隊の第一大隊から第四大隊までは「王立フュージリア連隊」の名称を伴うが、こちらは市民の志願によって構成される郷土防衛部隊として位置づけられており、「ロンドン連隊」の筆頭に置かれている。第五に、補助部隊も基本的には志願に基づいている。このように、「ロンドン部隊」には、正規軍は部隊一覧の筆頭に置かれた王立フージリア連隊のみで、それ以外は、ロンドン市民の志願にもとづく郷土防衛部隊（テリトリアルズ）の各部隊の名前が刻まれているのである。このことは、ロンドン部隊記念碑の設立そのものと、大きく関わってくる。それでは次に、この記念碑の設立の経緯を、一九一八年一一月一一日の休戦前後の時期に遡って、時系列的に見ていくことにしよう。

2　ロンドン部隊の行進とロンドン部隊記念碑の設立

ロンドン部隊記念碑は、ロンドン・シティという地域コミュニティの市民軍である郷土防衛部隊を休戦後にどのように戦場から迎え、また、その戦死者をどのように追悼するのかという、ロンドン・シティ当局にとって切実な課題を検討する中で、徐々に具体化した。それは、すでに連合諸国の勝利が確定していた休戦直前における、新ロード・メイヤーの就任に遡る。

一九一八年一一月八日金曜日に、サー・ホレス・マーシャルがロード・メイヤーに正式に就任した。マーシャルは、シティの二五区の一つヴィントリー区選出の長老参事 Alderman を一九〇九年以来務めた人物で、父親から次いだ出版事業、新聞販売事業などを展開していたことから、ヴィントリー区への就任報告では「新聞人」と言及されている。また、第一次世界大戦の休戦を経験したロード・メイヤーを務めたあと、一九二一年には「初代マーシャル・オブ・チップステッド男爵」の称号を得て、貴族に列せられた[6]。

就任の翌日九日土曜日に、ロード・メイヤーの就任式である「ロード・メイヤーズ・ショウ」が、まるで「勝利パレード」を先取りするかのように、イギリス軍および連合国軍の分遣隊の参加を得て、実施された。一一月一六日土曜日付けの『ザ・シティ・プレス』の記事の表題「平和の市長職――忘れることのないページェント――休戦の祝賀の前奏曲」は、そのことを端的に示している。「そのページェントは、講和締結の直前に開催されたため、講和後の祝賀の不可欠の構成要素とはならなかったにせよ、その先駆けとなったのである。明るく晴れた天気、見事な組織編成、喜ばしい雰囲気の観客など、あらゆることがらが結びついて、そのページェントは偉大なる帝国のエピソードとなった」。さらに、ホレス・マーシャルについて、「ロード・メイヤーは、熱烈な歓喜の時に就任したが、戦争によって多くの家庭にもたらされた避けられない悲しみだけが、その歓喜を抑制したのである。彼には、平和のロード・メイヤーという資格が与えられることになるであろう。健康と力をもってすれば、彼はその途方もない責任を伴うその地位のその高みにまで達するであろうことを、市民たちは了解している」[7]と言及し、今後、ホレス・マーシャルにはロード・メイヤーとしてたいへんな仕事が待っていることを確認すると同時に、休戦後は戦死者の家族にもたらされる悲しみについて、その記事が強調している。新聞報道を追っていくと、以後、歓喜と悲しみの二つの相反する要素が併存していくことが分かる。

新ロード・メイヤーの課題

このホレス・マーシャルが、郷土防衛部隊の戦場からの帰還やその歓迎、戦死者追悼、さらには遺族への配慮など、ロンドン・シティの戦後の様々な式典や記念碑の設立を主導することになる。なぜマーシャルがロンドン・シティおよびカウンティの戦死者追悼をそれほどまで熱心に進めたのかについて理解するために、彼がロード・メイヤーに就任して主催あるいは出席した会議や式典での彼のスピーチの内容から､共通する論点を確認しておきたい。まず何よりも、シティの有力者の子弟が戦死したことに対する悲しみの表明である。一九一八年一一月一四日木曜日に最初のシティの市議会（Court of Common Council）では、休戦協定が締結されたことを祝うとしながらも、会議の終わりに、ロード・メイヤーは「悲しい調子で終えなくてはならなかった。ほとんどのメンバーは、彼らのもっとも大切な人を失っていた。犠牲は大きかったし、その結果は偉大であった。四年以上に及んでわれわれを覆っていた重苦しい雲は今やなくなった。私はかつてない繁栄の時期を期待する」と締めくくった(8)。

第二は、シティの物質主義と信仰の問題である。このテーマは、ホレス・マーシャルの信仰心とも密接に関係していたと考えられる。彼は、例えば、休戦協定の締結をロード・メイヤーとしてマンション・ハウスのバルコニーから市民に儀礼的に伝える際、あるいは、様々なキリスト教団体をギルドホールやマンション・ハウスに招いたり、あるいはシティに関係する教会の礼拝に参加した際に、この問題を繰り返し取り上げている。例えば、一九一八年一一月一八日にマンション・ハウスで世界福音同盟のイギリス側組織によって準備された礼拝集会における、ホレス・マーシャルの次のような発言が注目される。「シティの中心は世界で最も物質的な場所であると言われてきた。ロード・メイヤーはシティをよく知っている。彼の三〇年に及ぶシティの経験から、シティのあらゆる人の本性には、物質主義的ではないもの、シティの日常的なビジネスよりも高い理想に反応するものが存在する、と言えるという。彼は、シティの男性および女性には、自らの精神的価値を発展させる傾向のある何ものかが存在すると信ずる。だからこそ、このような集会を信頼する(9)」と。ここには、プロテスタント・キリスト教的な信仰心の存在が示唆されている。

第三の課題は、ロンドンから戦場に渡った市民軍をどのように迎えるかという問題である。この課題が、以後、マーシャルの仕事として、重要な位置を占めるようになる。この問題の出発点は、ロンドン連隊第一大隊（ロイヤル・フュージリアア）の司令官から、一一月二四日付けの「戦場から」の書簡において、新ロード・メイヤーの就任に対して祝辞が送られたことにある。これは一二月七日の『ザ・シティ・プレス』で報じられた。[10] その報道の翌週一二月一〇日火曜日に、ロンドン・シティ大隊の部隊長会議が、マンション・ハウスにおいてロード・メイヤーの主催の下に開催された。会議では「前線からの帰還に際してのシティ部隊の歓迎と、行われた軍務への何らかの恒久的な表彰付与」について準備をすることになり、ロード・メイヤーを議長とする委員会が設けられた。この委員会には、シティのシェリフ（二名）のほか、ロンドン・シティの郷土防衛部隊の部隊長たちが参加し、ロイズ保険会社やイングランド銀行からも委員が選出されており、シティと地元志願兵部隊との密接な関係を示している。[11] その翌週には、「シティの郷土防衛部隊兵士(テルトリアルズ)」という記事で、J・J・メゲニス氏がロード・メイヤーに宛てて、「海外へ志願して外国に渡り、祖国の難局の時期にこれらのシティ大隊とともに戦闘に参加した、一九一四年の郷土防衛部隊兵士たちを忘れてはならない。私は一月に、一九年間の『志願兵役』を終了する予定である」と手紙を書いたことが報じられ、「シティの郷土防衛部隊兵士」への配慮をロード・メイヤーに求めたことが確認されている。[12]

一九一八年一二月二八日付けの『ザ・シティ・プレス』の社説「われわれの名誉の死者」では、次のような提案がなされている。「すばらしい新年を迎えるにあたり、われわれは、名誉の死者の偉業を想起したい。さらに、帝国が存続するために、また名誉・自由・正義という大義が勝利するために戦って、血を流し、死んだ人々の記憶を不滅にするための計画を提案したい。石造またはガラス製の記念碑は、実用的な目的には役に立たず、それゆえ、シティ自治体そのものに関する限りは、却下されると、われわれは敢えて言いたい。必要なのは、何か実用的なものである。それは、名誉が与えられる人々を不滅にする一方で、生者に役立つものである。また、それによって、彼らの功績を、まだ生まれていない世代の励みとして、愛情のこもった記憶の中に永遠に保つのが望まれる。したがって、われわれの提案は、記念碑が自由市民の子供たちの孤児学校と一体化されなくてはならないというものである」[13]。

この社説の提案がその後実現したわけではないが、戦死者の追悼のあり方として、単なる記念碑の建立ではなく、市民に関連する孤児学校のような将来の子供たちに訴えかけるような実用的な記念物（それは慈善活動にもつながる）を設立しようとする動きがあったこと、休戦直後の時期にシティの世論を代表する地元紙が敢えてそのような提案をしたことを確認しておきたい。

さて、一九一九年一月一八日付け『ザ・シティ・プレス』は、「シティの息子たち」の記事で、「国王は、夏の時期にロンドン・シティ部隊のパレードを行うというロード・メイヤーの提案を承認すると表明し、寛大にもバッキンガム宮殿で敬礼を受けると約束した」と報じた[14]。同日の論評欄でもこれについて言及があり、ロード・メイヤーと彼の委員会が提案した計画には、参加者に「ロード・メイヤーの署名のある感謝状と適切な銘文の刻まれた恒久的な記念物を授与すること」が含まれており、「その資金は、シティの企業から速やかに用意されることにいささかも疑いない」とコメントがあった[15]。「適切の銘文の刻まれた恒久的な記念物」が後の「ロンドン部隊記念碑」を意味していることは、これ以後の記事を追ってみると、次第に明らかになる。

一九一九年一月二五日の記事「王とシティ部隊――ハイドパーク観閲式」では、シティ部隊歓迎のためのロード・メイヤーの委員会が、期日は未定だが夏の土曜日にパレードを実施し、バッキンガム宮殿での国王による査閲、シティへ向けての行進、シティにおける簡単な食事の提供、感謝状の付与などが予定されているが、この段階ではシティの部隊に限定されていた。この記事の中で、「シティにおける恒久的な記念碑」を用意するように提案されたことも報じられている[16]。

このあと、四月一二日付け『シティ・プレス』では、「六月に予定されたシティ部隊の公式歓迎式典は、首都のほかの部分に所属する英雄たちも受け入れるように拡大される。このため、ロード・メイヤーの委員会は、ロンドン・カウンティ郷土防衛部隊協会の議長エッシャー卿と協力する。それゆえ、バッキンガム宮殿とマンション・ハウスを行進する兵士たちは、首都全体を代表することになる[17]」と報じられ、ロンドンのシティとカウンティの市民兵が参加する大規模なものになることが決まった。

シティ実業家への寄付の呼びかけと実行委員会

一九一九年四月一九日付け『シティ・プレス』には、ロンドン部隊の歓迎式典の実施とロンドン部隊記念碑の建立に必要な資金を集めるために、ロード・メイヤーとロンドン・カウンティのエッシャー連名の手紙が掲載された。

シティ・プレスの編集部へ

拝啓

有力な委員会の助けを得て、われわれは、戦争の期間中ロンドン部隊が尽くした偉大な軍務を公に讃えるための資金を集めている。ロンドンのシティとカウンティによって招集された部隊で、海外の軍務を経験したすべての部隊の代表による行進を、シーズン中に実施することが提案されている。軍当局によって規定された人数を上限に兵士はハイドパークに集まり、シティに向けて行進する。国王陛下は寛大にも、行進中に兵士を観閲する意向を表明している。行進に参加するかしないかにかかわらず、海外に従軍した兵士に感謝状を授与するつもりである。国民的危機における市民兵たちの英雄的行為、勇敢な行為および効率性を永遠に記憶するために、恒久的な記念碑を建立する。兵士や、戦死者の寡婦および孤児に将来有用となる何らかの実用的な計画が、後ほど追加される。そのような提案は、市民から成るすばらしい部隊によって行われた軍務を誇りに思ってそれに感謝するロンドンの市民および住民にとって、魅力的なものになる。その計画は、非常に多額の費用を必要とするので、われわれは、その計画が実施可能となる十分な資金を集めるための募金活動を実施する。もし、あらゆる雇用主が、ロンドン連隊のどれかに志願した職員一人あたりに付き一ギニーを寄付すれば、これらの様々な目的に必要な資金が集まることになる。寄付金はマンション・ハウスに置いていただくか、あるいはイングランド銀行に直接お支払いください。

敬具

ホレス・マーシャル　ロード・メイヤー、ロンドン・シティ郷土防衛部隊協会総裁

エッシャー　ロンドン・カウンティ郷土防衛部隊協会総裁

マンション・ハウス(18)

この文書は、ロンドン部隊の行進と感謝状の授与、恒久的記念碑の設立、兵士、寡婦、孤児についての何らかの実用的な計画、以上三項目の事業を宣言した上で、基金への寄付を呼びかけるものであった。この書簡の最後の部分からは、シティの雇用主に対して、ロンドン連隊への自社の志願者数に応じて一定の寄付を求めるものであった。また、この記事には、委員会の構成員が公表されている。二一人の委員の中、陸軍将校の称号を持たないのは、「シティ・オブ・ロンドンを代表する」ロード・メイヤーのマーシャル、「ロイズ会長」と明記されるC・J・ド・ルージュモン、特に記載はないが、マーチンス銀行理事を当時務めていたR・M・ホランド・マーチン、元ザ・タイムズの記者で法廷弁護士の資格を持ち、「ロード・メイヤー個人秘書」を長年勤めたウィリアム・ソウルズビー、委

員会の書記J・アーサー・ランクの五名のみである。それ以外は、大佐などの陸軍将校の称号を持つ現役あるいは退役した軍人であった(19)。なお、アーサー・ランクは、ホレス・マーシャルの娘婿で、後に映画や娯楽産業の一大複合企業を築き上げる人物である。

特に注目されるのは、記事の中で所属する組織が明記されている、おそらく現役の四名の軍人である。この組織の中で、「郷土防衛部隊協会 county territorial association」とは、一九〇八年以後、それぞれの州（カウンティ）ごとにおかれて、その地域に所属する市民軍である郷土防衛部隊の管理、リクルート、訓練などを受け持つ組織である。原則として資金は陸軍省から支給される。協会の構成員は、所属する郷土防衛部隊の司令官、自治体の関係者、企業家、さらには労働組合の代表なども含まれる。この制度は、二〇世紀初頭の自由党のホールデンによる軍隊改革の一環として、それまで存在していた民兵、義勇軍、義勇騎馬軍団の制度を引き継いで、郷土防衛軍 territorial forces として統合したものであった。なお、ロンドン・シティはこの制度ではカウンティとしての地位を与えられて、ロンドンには、「シティ・オブ・ロンドン郷土防衛部隊協会」と「カウンティ・オブ・ロンドン郷土防衛部隊協会」が存在した。

さて、ロード・メイヤーを議長とするこの委員会には、前者を代表する、アーサー・F・スミス中佐、後者を代表するイーヴリン・ウッド大佐が入っていた。この二つの郷土防衛部隊協会のほかに、現在のグレーター・ロンドンに相当する「ロンドン管区（ディストリクト）司令長官」F・G・ルイス准将、シティの中で唯一の正規軍である「ロイヤル・フュージリア」を代表するマンスブリッジ大尉が含まれている。

以上四名の所属の明記された軍人以外に、少将一名、准将一名、大佐八名、中佐一名、大尉一名が含まれていた。その中で「カウンティ・オブ・ロンドンを代表する」と明記されたC・G・ドナルド少将は、一八七四年にロイヤル・フュージリア（シティ・オブ・ロンドン連隊）の中尉として任命されて以来、同連隊で昇進し、南アフリカ戦争に参戦し、その後、ロンドン周辺のホーム・カウンティの司令官を務めたりして、郷土防衛部隊の指揮に活躍した人物である。また、大佐の称号を持つエッシャー子爵は、自由党の政治家としてホールデンとともに、一九〇八年の陸軍改革を進めた人物であり、ロンドン・カウンティの郷土防衛部隊協会総裁を務めていた。先の書簡には、ロード・メイヤーと共に署名している。

また、大佐の称号とともにシティの「長老参事」の称号を持つヴァンシタット・ボウォーターは、一九一三～一九一四年にロード・メイヤーを務め、第一次世界大戦の開戦時に市民の志願を積極的に進めた。その後一九二四～一九三八年にはシティ選出の保守党の庶民院議員を務めた。なお、彼の父親はイギリスの巨大製紙会社ボウォーター社を創設している。また、シティの副統監 Deputy Lieutenant として郷土防衛部隊にも関わっていた。

さらに、大佐の称号と同時に「副参事 Deputy」の称号を持つヴィッカーズ・ダンフィーは、現ロード・メイヤーのマーシャルが参事を務めてきたヴィントリー区の「副参事」の役職を持つが、実際にはシティの副市長の役割を果たしている。

以上のように、ロンドンの市民軍の戦場からの帰還に際しての歓迎パレードと戦死者追悼の記念碑建立のための委員会には、シティの有力者を軸に、ロンドンのシティとカウンティの郷土防衛部隊関係者によって構成されたのである。一九〇八年の軍隊改革を進めたエッシャーがその中に含まれることは、この委員会の性格を最も良く反映しているのでないかと考えられるのである。[20]

さて、先に検討した、ロード・メイヤーとエッシャーによる寄付の呼びかけについて、四月一九日の『ザ・シティ・プレス』の社説において、再度確認がなされている。その中で注意したいのは、パレードに参加するのはロンドン部隊の正規軍兵士と郷土防衛部隊兵士の双方であること、サー・アストン・ウェッブによって設計された質素な記念碑が王立取引所前の広場に設置されること、兵士とその扶養家族のための信託基金の設立のために十分な資金が必要であり、各自が協力して自らの分担金を寄付することに期待すること、また、ギルド、銀行、保険事務所および豪商が数千ポンド単位で寄付すれば必要な資金が集まると予想されることなどが確認されている。出生兵士一人あたり一ギニーという「自発的人頭税」についても肯定的に評価している。(21)

ロンドン部隊の行進および記念碑をめぐる意見対立

五月に入ると、パレードや記念碑計画の詳細が次第に決まっていく。五月一七日付け『ザ・シティ・プレス』の記事「ロンドン部隊の行進」は、一六日にロンドン部隊の行進と戦争記念碑計画のための合同委員会が開催されて、いくつかの論点が決まったことを伝えているが、(22)同時に、これまでそれらの詳細について意見対立があったことも確認されている。当初は六月の土曜日とされていたパレードの日程が、六月後半に入ると、八月の土曜日という記事が出現する。(23)さらにドイツとの講和条約の締結の可能性が出てくると、講和締結後の「勝利行進」の開催が予定され、それとの日程調整が必要となり、講和締結に伴う勝利行進の一週間前の土曜日にロンドン部隊の行進を実施するとの記事が出現し、最終的には、国王が七月六日土曜日を選択したことが報じられてロンドン部隊行進の日程が確定する。(24)その際には「ロンドン部隊の勝利行進の機会にロンドンのシティとカウンティの連隊に所属する部隊を観閲する」と表現され、「ロンドン部隊の勝利行進」となる。

一方、六月二六日木曜日に開催された「シティ市議会 Court of Common Council」(四年ごとの選挙で選出される議員で構成される)で、記念碑の設置場所とその様式について初めて議論がなされた。『ザ・シティ・プレス』は、次のように伝えている。

街路委員会は、大戦で戦死したロンドン部隊の記念碑にふさわしい場所の提供について検討した結果、マンション・ハウス、シティおよびカウンティ合同委員会によって提出されたデザインどおりに王立取引所前に記念碑を建てることについて、建設に係るすべての費用を合同委員会が負担するのであれば、反対すべきでないと勧告した。また、ロイヤル・アカデミー会長サー・アストン・ウェッブのデザインは、七五フィート〔約二二・八メートル〕の高さの二本のヴェネチアン・マストで、大戦におけるロンドン部隊の名前と功績を台座に刻むものであることが説明された。[25]

このような提案に対して、シティ市議会議員のＨ・Ｐ・マンクトン氏は、報告書の差し戻しの動議を提出した。その理由は、その報告書が街路委員会で賛成九票に対して反対七票という僅差であり、その反対票の理由は、「すべてのロンドン市民が誇りに思う王立取引所が〔記念碑の〕背景となることに関係した。そのようなすばらしい建物の正面に何かを建てるのは適切ではない」というものであった。最終的には、街路委員会の勧告は撤回された。[26]

このように、王立取引所正面に二二・八メートルの二本のマストを建設する案は撤回されたのである。設計した、アストン・ウェッブはバッキンガム宮殿のファサードや、ヴィクトリア記念碑を設計するなど有名な建築家であったが、シティの景観を優先して最初の案は撤回されたのである。

ロンドン部隊の行進

一九一九年七月五日土曜日に、バッキンガム宮殿からシティにかけてロンドン部隊の行進が行われた。この行進は、ロンドン部隊記念碑の設立と一体化して議論されてきただけに、その行進にどのような理念が込められていたのかを探ることで、ロンドン部隊記念碑に込められた理念を知る重要な手がかりになると思われる。『ザ・タイムズ』と『ザ・シティ・プレス』の記事を利用することで、実際の行進当日の様子を、夕方の宴会を含めて復元してみよう。二紙のうち、前者はロンドン部隊行進そのものの様子をかなり詳しく説明しており、後者は、行進後の昼食の様子、さらには、将校が参加した晩餐会の参加者やスピーチ内容まで詳しく報じている。

まず、行進当日七月五日土曜日の記事を確認しておこう。『ザ・タイムズ』は「ロンドン兵士の行進——本日のルート」[27]において、「ロンドン部隊のシティとカウンティの分遣隊が、本日、ロンドンを通って勝利行進を実施する。国王は午前一一時三〇分にバッキンガム宮殿で敬礼を受け、そのあと、分遣隊は一二時二二分にマンション・ハウスでロード・メイヤーの前を通過する」と報じ、行進する主要な通りの名を時間とともに記載している。当然、多くのロンドン市民が通りに出ることを期待してのことである。また、この記事の同じページに「感謝の日——セント・ポール大聖堂における明日の礼拝——国歌の新しい歌詞」の記事も掲載された[28]。国王と王妃、王室のメンバーが参加する礼拝であり、勝利を神に感謝するものである。セント・ポール大聖堂はシティの中心に位置しており、この神へ感謝を捧げる礼拝もシティと密接に連動していることも確認しておきたい。いずれにせよ、『ザ・タイムズ』は王室の参加について強調しているように思える。

一方、『ザ・シティ・プレス』は、市民兵を送り出した地域共同体であるロンドン・シティとして、市民兵の側に立った視点から報じている。「シティの息子たち」と題する記事は、「本日、ロンドン・シティは勝利に貢献したその息子たちを歓迎する。彼らは、王と祖国の、文明と正義の呼びかけに応じて、事務所や倉庫、工場から出陣して、脅威となった専制政治を世界から除去するために本分を尽くした。彼らが相対したのは、ドイツ国の訓練された部隊であった。」敵は、イギリス派遣軍という「情けない弱小軍の無能力」、「市民兵からなる部隊を短期間で創設することの実行不可能性」、「われわれの工場を軍需品供給に転換することの不可能性」を信じて疑わず、「自治領諸国の人民と本国との一体性と、連合諸国の団結の強さ」を認めることができなかったと指摘されている。[29] この記事は、明らかに、市民軍で構成されるイギリス派遣軍の功績を高く評価しているのである。

では、実際のロンドン部隊の行進はどのように進んだのであろうか。まず、『ザ・タイムズ』の記事から確認しておこう。

「ロンドン兵士の行進――勝利の前進――一時間に及ぶ国王への敬礼」と題する『ザ・タイムズ』の記事は、「土曜日にシティとカウンティのロンドン部隊の分遣隊が、バッキンガム宮殿で国王の前を行進して、その後シティに向かった。大群衆が、これらの一五〇〇〇あるいは二〇〇〇〇のロンドン郷土防衛部隊兵士を歓迎した」と伝え、そのあと、行進の出発からバッキンガム宮殿における「王の演壇」の様子を詳しく伝えている。まず、行進の出発地点のコンスティテューション・ヒル（バッキンガム宮殿からハイドパーク・コーナーに至る通り）について、「ロンドンの学校の児童数千人が、指定された区域に児童の教師とともに集合し、兵士たちに心からの見送りをした」ことが報じられ、沿道にも子供たちが多数並んでいたことも報じられた。[30] このことから、ロンドンの市民兵の存在を子供たちに認識させ、将来のリクルートへつなげるのではないかと、想像に難くない。

次に、バッキンガム宮殿の正面門の前に設けられた「王の演壇 Royal dais」とその横の席に招待された人々について報じている。「赤い天蓋付きの王の演壇が、宮殿の中央門の前に建てられていた。また、その脇には、有名人の座る椅子が並べられていた。その中の、早めに来た人の中に、元陸軍大臣のホールデン卿がいた。また、様々な大使館付き陸軍武官もいた。ヴィクトリア女王記念碑の上や周辺には、負傷した将校と兵士の席が用意されていた。

さらに、演壇に面した場所には、スコッツ・ガーズとアイリッシュ・ガーズの軍楽隊が整列した」[31]。以上のような描写からは、「王の演壇」の準備や、その周辺の列席者の席など、かなり大がかりな準備が必要だったことが分かる。また、記事は、おそらく意図的に、元陸軍大臣のホールデンに言及したと思われる。というのも、それ以前からあった民兵、義勇軍、義勇騎兵団を再編成して、一九〇八年に正式の発足した「郷土防衛軍」を創設したのは、当時の自由党内閣の陸軍大臣であったホールデンだったからである。ホールデンは、先に言及したエッシャーらと、陸軍改革を進めて、市民兵部隊の地域コミュニティによる維持管理の制度を創設したのである。その意味で、この記事の言及は、ロンドン部隊という、おそらくイギリスで最も有能な市民軍の第一次世界大戦における功績をたたえるのにふさわしい場面なのである。

そのほかこの記事では、「動員解除されたが兵士らしく」との見出しの箇所では、参加した兵士たちの半分が軍服で、動員解除された者は平服で参加したことが報じられている。また、王に敬礼する際に、平服の元兵士たちが、帽子をかぶったままの場合と、帽子を取った場合に分かれ、記事では、今後平服で王に敬礼する際にどうすべきか、新しい規律を作っていく必要があると論じている。ここでも、ロンドン部隊が市民兵部隊であり、すでに一部動員解除されていたことが分かる。

さて、『ザ・シティ・プレス』はロンドン部隊の行進をどのように伝えたのだろうか。行進の行われた七月五日の一週間後の七月一二日付けの記事「ロンドンの兵士——シティを貫く大行進」の冒頭、次のように報じている。「先週土曜日のロンドン兵士の軍事行進は、シティと首都全般の記録から決して消えることのない凱旋の物語であった。バッキンガム宮殿で国王が敬礼を受けてくれたことは、国民全体の承認を象徴し、あとは、シティが、ロード・メイヤーがそうしたように、誠心誠意であると同時に自発的である歓迎に、地元として最後の仕上げをすることだけが残されていた。行進の間、主要な注目地点は、当然のことながら、バッキンガム宮殿とマンション・ハウスであったが、その間に元気がなかったり低調だったりした箇所はなかった。ロンドン市民が、自分たちに所属する部隊に歓声を送ったので、そのルートは始めから終わりまで活気があった。ロード・メイヤーは、マンション・ハウスで敬礼を受けるとき、副参事ヴィッカーズ・ダンフィー大佐とJ・アーサー・ランク氏（組織委員会の名誉書記二名）、イーヴリン・ウッド大佐（シティ・オブ・ロンドン・テリトリアル部隊協会の書記）とともに、飾り付けられたバルコニーにおいて整列した」[32]。ここには、国王が敬礼を受けたことで、ロンドン部隊に対して国民全体の承認がえられたこと、また、地域コミュニティとしてシティがロンドン部隊に対して、自発的で心からの歓迎の意を表さなくてはならず、このことが、行進終了後の午後のロード・メイヤーの非常に忙しい行動の重要性につながっていく。

「行進が去ったあと、ロード・メイヤーは、限られた時間内にできるだけ多く指揮下の部隊と直接触れ合わなくてはならず、時間を無駄にするわけにはいかなかった。彼は大佐職の軍服を身につけて、最初にロンドン塔に赴き、そこで、サー・イアン・ハミルトン大将の歓迎を受けた」。このロンドン塔の堀において、行進に参加したロイヤル・フュージリア兵のために昼食の用意がなされており、そこでロード・メイヤーは短い挨拶で「ロンドン市民を代表して、彼らがロンドンと帝国のために為したことすべてに対して、将校と兵士に感謝した」。そのあと、自動車で、フィッシュモンガーズ・ホールに赴き、昼食を取っていたシティ・オブ・ロンドン義勇騎兵団（ヨーマンリー）にシティの感謝を伝えた。「次に自動車がギルドホールに向かった。それは、『サー・ホレス・マーシャル大佐閣下』が彼自身に『所属』の輝かしい第四ロンドンを訪問するためであった[33]。」

ロード・メイヤーはこの「第四ロンドン」（正式には、第四シティ・オブ・ロンドン大隊（ロイヤル・フュージリアズ）の名を持つ郷土防衛部隊で、ロンドン連隊を構成する）の「名誉大佐」を務めており、まさに彼に「所属」した。また、この郷土防衛部隊は、シティに隣接するイースト・エンド周辺からリクルートされていることも興味深い。

さらにロード・メイヤーは、アーマリー・ハウスのオナラブル・アーチレリ・カンパニー、ハンデル・ストリートの第五ロンドン大隊（ロンドン・ライフル・ブリゲード）と第一ロンドン大隊、ハロー・ロードの第三ロンドン大隊を訪問している。ロード・メイヤーは、結果的に、ロンドン連隊の中のシティに所属する大隊のほとんどを訪問したことになる。

この日の夕方には、マンション・ハウスで、ロード・メイヤー夫妻がロンドン部隊の将校を招待して、晩餐会を開催した。「ロンドン部隊歓迎・行進委員会」も出席したという。これについても報じられているので、主要な出席者とスピーチ内容について確認しておきたい。この晩餐会の席上、ロード・メイヤーが将校を前にしてロンドン部隊の活躍を賞賛すると同時に、エッシャーがスピーチに立ち、ロード・メイヤーから共同で歓迎行事を開催する提案を受けて対応した経緯を明らかにしている。この二つの論点について確認しておこう。

ロード・メイヤーはそのスピーチの中で、「ロンドンの兵士たちは、この国に危険が迫った時、彼らのたくましい男らしさはいかなる試練にも耐えることを立証しました。それは誰もがいつも信じてきたことでありました。出席のみなさんは、帰らなかったロンドンの兵士たちを、深い敬意と誇りを持って思い起こさないことはないはずです。十分な感謝を示すことは、われわれの力でははるかに及ばないことです。戦時でも平時でもわれわれのもっとも崇高な勤めを我が祖国に捧げたのだというメッセージが、あらゆる墓から届きました。戦死者の名前は永遠に残り、彼らの栄誉がけがされることはありません。ロンドンの兵士たちは、彼らの名前と名声をさらに高め、仲間の市民たちの賞賛と感謝の意を勝ち得たのであります。ロード・メイヤーは、帰還したあらゆる部隊がマンション・ハウスを通過するのを見てきましたが、ロンドン兵士よりもすばらしく行進した者はいませんでした。[34]」と、ロンドン部隊を賞賛したのである。もちろん、戦死者への言及も忘れなかった。

このスピーチに対して、部隊の将校からの返答があり、そのあと、ロード・メイヤーは「カウンティ・オブ・ロンドン郷土防衛部隊協会」に乾杯を捧げて、その代表者の出席に感謝に意を表した。その中でロード・メイヤーは、次のように述べている。

「エッシャー卿が、カウンティの部隊とシティの部隊の共同行進とすべきことを提案してきたとき、ロード・メイヤーは、そのような考え方が好ましいかどうか確証が持てなかったが、エッシャー卿は、二つの部隊の兵士が同じ旅団に編成され、ともに戦い、ともに死んだこと、また、二つの部隊がロンドンの通りをともに勝利を祝って行進することほど好ましいものはないのではないか、と指摘した。今やそれが実現したことを人々は喜んでいる。この大行進は、それに参加した人々の記憶にも、また、それを目撃した人々の記憶にも、生き続けるであろう」と締めくくった。一方、エッシャーは、「その儀式が最初に提案された時には、多くの人々に疑念と落胆の感情が確かに存在した。ロンドンにとっては、その行進が実現したのはロード・メイヤーの主導権と活力、さらには執拗さのおかげであった[35]」と返答した。

以上のことから、ロンドンのシティとカウンティの共同の行進に至ったことについて、一定の困難のあったこと、また、むしろエッシャーからの強い働きかけのあったことがうかがえる。

ロンドン部隊記念碑の建設と退役軍人たちの失業問題

さて、このあと、ロンドン部隊記念碑の設置場所と様式はどのように決定されたのであろうか。

ロンドン部隊の行進からおよそ一ヶ月後の八月九日付けの『ザ・シティ・プレス』は、「ロンドン戦争記念碑」

という記事の中で、シティの街路委員会が八月六日水曜日にロード・メイヤーの臨席の下、サー・アストン・ウェッブによって提出された修正案を検討したことが報じられ、「ヴェネチアン・マスト」の除去された修正案が承認され、街路委員会は、シティ市議会に、王立取引所前に修正された記念碑を建設することを許可するよう提案することになった。[36]

これを受けて、九月一八日にシティ市議会が開催され、街路委員会から、ロンドン部隊記念碑の最終案が次のように提案された。

街路委員会は、サー・アストン・ウェッブによって合同委員会に提案された、戦死したロンドン部隊の記念碑の二番目のデザインを提出した。それは、王立取引所前の既存の飲用噴水の中央の位置に設置される。提案された記念碑は四角形の柱(ピラー)で構成され、その上に、シティとカウンティの紋章が描かれた盾を支えるライオンを戴く。その下には、連隊名、主要な戦闘、さらにその他これから決定される詳細事項を刻んだ青銅パネルがはめられる。そのパネルには花輪と戦争の日付が冠せられる。柱の両側には、立て銃(つつ)の構えの二体のロンドン兵士の像が、群衆の頭よりも十分に高い位置に保たれるように、台座の上に立つ。その記念碑は、ポートランド産大理石で施工され、花崗岩の基壇が置かれ、二体の像と記念タブレットは青銅で施工される。高さ二五フィート〔約七・六メートル〕で、ウェリントン公像とほぼ同じ高さとなり、これら二つの記念建造物が、一九世紀と二〇世紀のそれぞれの初頭における二つの大戦の記念碑を構成することになる。飲用噴水の除去に加えて、その像の背後にある通気縦坑の除去と、地下鉄の手すり周辺の欄干を石造のものへ取り替えることも提案された。街路委員会は、建設に関連するすべての費用がシティ・カウンティ合同委員会によって負担されることを条件に、承認することを提案した。この件は承認された[37]。

この記事からは、銅板プレートを除けば、ほぼ最終案に近い形のロンドン部隊記念碑が提案されていることが分かる。特に注意したいのは、記念碑の位置である。王立取引所の正面にあった飲用噴水を除去して記念碑が建設されることが承認されている。このことから、当初の案はこの飲用噴水を残したまま、その両側に高さ二二メートルのヴェネチアン・マストが計画されていたことが確認できよう。また、この第二案では、近くのウェリントン公像との関係にも言及され、一九世紀との歴史的つながりを意識し、二体の兵士像も当初から高い位置に意図的に置かれたことが分かる。

このあと、ロンドン部隊記念碑については、ロード・メイヤーの交代が迫った、一九一九年一一月一日付け『ザ・シティ・プレス』の「ロンドン部隊記念碑」の記事で報じられた。ロンドンのシティとカウンティの合同委員会が水曜日に開かれ、アストン・ウェッブ設計の王立取引所前の記念碑が承認されたことを伝えている。その委員会では「その計画に着手し、成功裏に実施したことに関してロード・メイヤー〔マーシャル〕に感謝決議がなされた[38]」。

こうして、休戦一周年の頃には、ロンドン部隊記念碑がブロンズ像を加えた現在のような形になることが、ほぼ確定していた。王立取引所前の地下鉄の駅の出口など周辺の整備も併せて計画されていた。現在の記念碑の写真を見ると、ロンドン部隊記念碑は、周辺の景観に違和感なく存在しているが、以上のような記念碑のデザインをめぐるやりとりを経て、そのようなものになったことが分かる。もちろん、当初の「ヴェネチアン・マスト」よりもはるかに費用がかかったと予想される。それでもこれにこだわったのは、「雇い主に対する人頭税」としてシティの企業家たちに寄付を呼びかけた結果だと思われる。

この間の『ザ・シティ・プレス』の記事を追いかけてみても、少なくとも一九二〇年末まで、戦争で負傷した兵士や遺族に対する「実用的な記念事業」をシティとして計画した形跡は見当たらない。しかしながら、一九二〇年九月八日に、マンション・ハウスでロード・メイヤー（エドワード・クーパー）が呼びかけたある会議が開催された。その会議は「退役した将校および兵士に雇用を提供するための陸軍元帥ヘイグ伯爵の緊急のアピール」を検討するためであった。会議のきっかけは、八月二一日付け『ザ・シティ・プレス』に公開書簡として掲載された、国王からロード・メイヤーへの緊急の依頼であった。それは、「失業した退役将校および兵士のためのヘイグ卿の最近のアピールを支援するためにあらゆる努力をすべきである」として、ロード・メイヤーに対して、ロンドンにおいて失業中の退役軍人の人数とそれに対する対策を国王に報告して欲しいという趣旨の依頼であった。書簡の最後には、「国民の名声に対する不名誉となりかねないことがらを除くために、ロンドン・シティのすべての利害関係者の協力を確保する上でできる限りのことをしていただけると、私は確信しています」とあり、九月八日の会議開催に至ったのである。(39)

会議には、シティの経済界の代表やロンドン・カウンティを構成する各地区のメイヤーが参加しているが、一般的な形で各地区に対応を促す合意はあったようであるが、何か具体的な提言がなされたとは言えないように思える。一九二〇年の後半には、戦後ブームの終了とともに、イギリス経済全体に失業者が増えた時期であり、その中で、退役軍人たちの失業問題がクローズアップされていたと言えるであろう。このような状況の中で、休戦二周年を迎えることになる。

3　ロンドン部隊記念碑の除幕式

それでは、一九二〇年一一月一二日に行われたロンドン部隊記念碑除幕式の様子を、全国紙『ザ・タイムズ』と地元紙『ザ・シティ・プレス』はどのように報じたのであろうか。まずは一九二〇年一一月一二日除幕式当日と、式典翌日の一一月一三日の『ザ・タイムズ』の記事を見ておこう。

除幕式当日の『ザ・タイムズ』記事

一一月一二日の記事「大戦におけるロンドン部隊――シティにおける本日の式典――偉大な功績の物語――三〇万の損耗人員(40)」は、最初に、「『一九一四～一九一九年の大戦において自分たちの王と帝国のために従軍した、ロンドンの士官、下士官および兵士の永遠の栄誉ための』王立取引所前の記念碑が、本日一二時半に除幕される」と予告する。このあと、陸軍担当記者によって、ロンドン部隊の「輝かしい」戦績の説明が続く。

記者は「帝国中のすべての都市の中で最も偉大で裕福なロンドンは、その卓越した地位にふさわしいあらゆる方法を尽くして、戦争に貢献した」と記したあと、当時のカウンティ・オブ・ロンドンを越える「グレーター・ロンドン」において、八〇万から九〇万人が軍務につき、そのうち、三〇万人が損耗人員となったことを強調し、軍務における広域ロンドンの重要性を確認する。この数値は、歩兵、騎兵、砲兵、戦車、補給・輸送部隊、医療部隊など、「帝国のあらゆる軍隊」に及び、軍全体においても、また損耗人員においてもロンドンの兵士は十分に割り当てを果たし、「盾の輝かしい背景」を構成している。しかし、「ロンドンの名称を持ち、ロンドンで招集され訓練を受けた連隊」がより重要であり、「戦争中ロンドンは、完全な四個師団を構成する部隊に加えて、少なくとも歩兵八一個大隊、義勇騎兵団四個連隊、砲兵六四個中隊を提供した。これらロンドンの部隊は、フランスとフランドル、サロニカ、パレスティナ、東アフリカ、インド、北ロシアで軍務に就いた」[41]と。

このあと記事は、「最も輝かしいページ」という見出しの下、ロンドン郷土防衛師団London territorial divisions四個師団（第四七師団、第五六師団、第五八師団、第六〇師団）の戦績を詳しく説明する。その際、「ロンドン郷土防衛師団の戦績」は、「戦時中自由のために帝国の首都が果たした役割の歴史の中で、最も輝かしいページである。というのも、師団とは自己充足的で独立し、独自の団結心を持った基本的な戦闘集団であり、それ自体、生きた存在である。また、地元の愛郷心と市民の誇りという精神を高い次元で体現したものである」[42]と強調する。この表現には、志願制に基づく地元の郷土防衛師団と地域社会との緊密な関係性が端的に示されていると言えよう。

第四七（第二ロンドン）師団は、最も早い時期の一九一五年三月にフランスに上陸し、五月のフェステュベールのあと、九月二五日ルースの戦いで最初の本格的な戦闘を経験する。一九一六年九月ソンムの戦い、一九一七年七月メッシーヌの戦いで西部戦線の激戦地を経験し、一九一七年一一月三〇日カンブレーにおいて第五六師団と共同でブーロン・ウッドを守った。また、一九一八年春のドイツ軍の攻勢の時カンブレー地区におり、「後衛による敵軍との交戦」に成功し、その後、第四軍とともに「めざましい攻撃に成功」し、休戦を迎えることになった。

第五六（第一ロンドン）師団は、すでに個別に海外に展開していた部隊を集めて、一九一六年二月にフランスで結成された。ゴムクールの攻撃で厳しい試練を受け、その間ソンムの戦いに投入される。一九一七年四月にはアラスで大規模な戦闘に参加し、ドイツ軍連隊を捕虜にすることができた。夏まで同地区で激しい消耗戦を戦ったあと、フランドル、さらにカンブレーに転戦し、一一月三〇日に第四七ロンドン師団と共同でブーロン・ウッドの防衛に成功する。一九一八年三月二八日にはスカルプ川北部で防衛戦に従事し、クロワジル、ブレクール周辺で従軍し、二七〇〇名の損耗人員を出している。カンブレー周辺の戦闘に加わり、休戦前の数日まで戦った。

第五八（第二／第一ロンドン）師団の記録は先の二個師団よりも短く、一九一七年一月にフランスに到着し、一九一七年五月にブレクール、九月にプールカペッレ、一〇月にパッシェンデールと激戦地を移動し、一九一八年三月のドイツ軍の攻勢時には、オワーズ川沿い第五軍の右翼を防御したが、ドイツ軍三個師団によって攻撃を受けて圧倒されたが、最後まで戦った。八月八～一二日の連合軍の攻勢に際して第四軍に参加し、ソンム川地域のサイイ・ロレット、シピイなどでドイツ軍捕虜を捕獲し、九月に第一軍に転戦し、メリクールなど同地域で戦闘に加わった。

第六〇（第二／第二ロンドン）師団は最も変化に富んだ経歴を持つ。一九一六年六月にフランスに渡り、一九一七年一月にギリシア北部のサロニカ（現テッサロニキ）へ、一九一七年六月にパレスティナへ送られた。一〇月と一一月の攻勢においてこのロンドン師団は中心的役割を果たし、ベールシェバを奪取した。一二月九日には、六週間の戦闘の後、エルサレムを陥落させ、「作戦開始以来の素晴らしい戦績にふさわしい報償」となった。一九一八年春にはヨルダン川を越える襲撃に参加し、名声を高めた。七月にはインド人歩兵大隊によって再編され、ロンドン出身の部隊の多くを失ったが、トゥルカームでのトルコ軍の最終的敗北に関わった。そのほか、記事では、四個師団には含まれなかった連隊の活躍にも言及している[43]。

その後、「除幕式典」のプログラムが紹介される。ヴィクトリア女王の三男のコンノート公が序幕する予定だが、気管支が悪く、出席できない場合はヨーク公が代わりを務めること、また、グレナディア・ガーズ（近衛歩兵第一連隊）の軍楽隊による国歌の演奏、陸軍元帥コンノート公によるグレナディア・ガーズの査閲、ロンドン主教による礼拝、記念碑式典委員会の議長（ホレス・ブルックス・マーシャル）によるコンノート公への序幕の呼びかけ、序幕後に「ゴッド・セーヴ・ザ・キング」（国歌）の斉唱、広域ロンドンの代表であるロンドン・カウンティ統監 Lord Lieutenant of the County of London によるコンノート公への感謝と続く。

記事の最後で、記念碑設立の最初のきっかけや周辺の整備、記念碑の制作者にも言及している。ロンドン部隊記念碑の設立計画は、一九一九年初めにマンション・ハウスで、「従軍したシティ連隊兵士たちの公の歓迎行事を拡大する」提案から生まれ、その際「その計画の範囲がロンドンの連隊全体に拡大され、ロンドン・シティとロンドン・カウンティ、それぞれの郷土防衛部隊の組織を代表する単一の委員会が設立された」ことが報じられた。除幕式には、記念碑で讃えられる部隊の代表が参加することも紹介されている。また、記念碑は、一八フィートの高さのポートランド・ストーン（石灰岩）製で基部は花崗岩であり、セント・ジョージとドラゴンの意匠が浮き彫りされた盾を支えるライオンのブロンズ像を戴き、側面には、ロンドン連隊兵士像二体が台座の上に立つ。記念碑の設立に伴って、地下鉄の駅に入る二つの階段の改修についても言及されている。これまで広告が掲示されていた手すりは撤去され、ポートランド・ストーン製の欄干に変わり、街灯の移設によって、周辺が記念碑にふさわしい景観に改修されたことを伝える。なお、記念碑そのものはアストン・ウェッブの作、ライオン像と2体の兵士像はアルフレッド・ドルリーの作であることも記載されている。(44)

以上のように、除幕式当日の記事は、除幕式の式次第とともに、ロンドン郷土防衛師団四個師団の戦績が詳しく説明されている。戦死者に対する追悼というよりも、戦争中におけるロンドン部隊の活躍を顕彰している点に特徴がある。

除幕式翌日の『ザ・タイムズ』記事

除幕式翌日の記事「ロンドン部隊記念碑――ヨーク公による序幕」には記念碑の線画が添えられ、式典の様子を詳しく報じている。記事の冒頭、除幕式当日のシティ中心部の天気や周辺の様子を次のように伝える。

天気は、シティ中心部での野外式典には決してふさわしいものではなかった。朝霧は一二時三〇分までには幾分上がったが、建物の上には霧が厚くかかっていたため、太陽の光は差さなかった。マンション・ハウスと王立取引所の前で交差してオープンスペースを形成するいくつかの通りは、ヨーク公が到着する予定の数時間、交通が遮断された。さらに、一般の人々は歩道に集まることを許可されたが、王立取引所周辺の車道は、ロンドン部隊を代表する分遣隊のための閲兵場となった。行進した部隊は、王立フュージリア（シティ・オブ・ロンドン連隊）、第五六（第一ロンドン）師団、第四七（第二ロンドン）師団であった。グレナディア・ガーズ第三歩兵大隊の儀仗兵が、連隊旗と連隊楽団を従えて、マンション・ハウスで騎乗した。通りに集まった多くの人々に加えて、式典の見えるあらゆる窓は見物人であふれ、かなりの人々が屋根や欄干に登っていた。一二時三〇分、シティ・マーシャル〔シティの治安を担当する役職〕が先導して、行列はマンション・ハウスから出発し、待機する部隊の間を通って、群衆が集まる王立取引所の階段に至った。(45)

このあとヨーク公がロード・メイヤー（エドワード・クーパー）に伴われて、シティの職杖と剣を先頭にマンション・ハウスを出発すると、儀礼空砲（ロイヤルサルート）が鳴り、国歌が軍楽隊により演奏されたことを報じている。そのあと、ロンドン主教による祈祷の後、「ロンドンの素晴らしい兵士たちへの記念碑を除幕できなくて残念であります」という主旨のコンノート公の電報をサー・ホレス・マーシャルが読み上げた。

記事によると、ヨーク公が、記念碑を覆っていたロンドン・シティの旗を外すと、グレナディア・ガーズによる国歌の演奏、部隊の敬礼が続き、コンノート公が用意した以下のようなスピーチをヨーク公が代読した。

帝国の偉大な首都は、兵役と愛国心の呼びかけにあのような圧倒的な人数で応じたその息子たちを、誇りに思わなくてはなりません。首都の輝かしい四個師団――第四七、第五六、第五八、第六〇――は、決して忘れられることはないでしょう。第四七師団は、一九一五年五月にフェステュベールで戦火の洗礼を受け、続く九月にルースの戦いで殊勲を立てました。それ以後、ヴィミー、ソンム、メシーヌ、イープル、カンブレーにおけるほとんどの攻撃に従軍しました。一九一八年に同師団は、敵の一時的な突進を食い止め、そのあと、戦争の勝利に向けてのわれわれの大攻勢において名誉ある役割を果たしました。

第五六師団に属するほとんどの大隊は、一九一四年に上陸して正規軍歩兵旅団とともに行動し、一九一六年七月にゴムクールでようやく師団として活動するようになり、結果的にソンムの戦いの後半段階において戦闘に従事しました。同師団は、一九一七年にアラスの攻撃とカンブレーの攻撃の両方において殊勲を立て、一九一八年のわれわれの最終的な勝利に至る激戦において、師団として傑出した役割を果たしました。

第五八師団は、一九一七年一月までは海外には行きませんでしたが、すぐにその戦闘の真価を証明し、サンジュリアンとペルカペレで、さらに第三回イープルの戦いにおいて、傑出した役割を果たしました。同師団はソンム川で戦い、最終的にスケルデ川地区に進軍し、我が軍の最終的勝利に貢献しました。

第六〇師団は、一九一六年にフランスでわずか五ヶ月間過ごしたあと、サロニカに送られ、その後一九一七年にエジプト派遣軍に転属しました。同師団は、ベールシェバで戦闘に参加し、聖地が陥落したのはその指揮下においてでした。一九一八年を通じて、パレスティナにおける作戦の成功で主要な役割を果たし、ヨルダン沿岸および東部において戦闘に従事しました。

これらの輝かしい四個師団の軍務を記憶に留めるにおいては、われわれは王立フュージリア（シティ・オブ・ロンドン連隊）の偉大なる功績を忘れてはなりません。この連隊は、正規軍四個大隊と新たに招集された四六個大隊が戦争に参加しました。この記念碑は死者のためであるとともに、生者のためでもありますが、われわれは、これらの大隊が二万五千人の戦死者名簿を有していることに言及しなくてはなりません。私は、ロンドンのシティおよびカウンティ大隊に従軍したすべての人々の名前――そのうち何と多くの人々が祖国のために命を落としたことか――が、永遠に生きることを望みます。祖国の防衛と世界の自由のためにこの偉大なシティの住民によってなされた偉大なる犠牲を誇りに思うことは正しい、と考える人々の心と精神の中に。(46)

これに対してロンドン・カウンティ統監のクルー卿がヨーク公への感謝の短いスピーチを行い、その後ヨーク公は、すでに基壇にリースが捧げられていた記念碑を査閲した。

以上のように、この記事はコンノート公のメッセージを掲載している。そのメッセージではあくまで、ロンドンの住民が国家のために犠牲を払ったことを顕彰することに重点がある。『ザ・タイムズ』の記事は、当日も翌日も、ロンドンのシティおよびカウンティというイギリスにとって特別な意味のある地域と、ナショナルな使命とを結びつけるところに特徴があると言えよう。

ロンドン部隊記念碑の銘文からは、一般からの寄付による設立というイギリスの地域コミュニティに共通する特徴を有しながらも、イギリス帝国の首都で世界の金融市場であるというロンドン・シティのプライドが「王と帝国のために」という表現に表されていること、また、シティだけではなく、広域ロンドンであるカウンティとの協力という要素も含まれていたことが確認できた。

しかしながら、除幕式当日に掲載された記事では、式次第の説明だけでなく、ロンドンの郷土防衛師団四個師団の軍事的な功績が詳しく報じられた。ロンドン市民が広く参加した地元の郷土防衛師団が、第一次世界大戦の激戦地に配備され、多くの犠牲者を出したことが分かる記事である。まさに、それ以外の部隊を含めて、地元からの志願兵で構成されたロンドン部隊の「顕彰」に重点を置いた報道と理解できる。

除幕式翌日の記事では、コンノート公のメッセージが詳しく掲載されていたが、そのメッセージもロンドンの郷土防衛師団の活躍を賞賛した。地域に所属するこのような志願制の郷土防衛師団の存在が、地域コミュニティのアイデンティティと、王室に象徴されるナショナルなアイデンティティとを結びつける経路になっているのではないだろうか。『ザ・タイムズ』という全国紙の報道は、まさにそのことを示している。地域の志願制の部隊への若者たちの参加と犠牲、王室によるその犠牲者の顕彰を通じて、地域のアイデンティティをナショナルな愛国心につなげようというレトリックが、明らかに見て取れるのである。

地元紙『ザ・シティ・プレス』の報じた序幕式

次に、一九二〇年一一月二〇日付『ザ・シティ・プレス』の記事「ロンドンの戦争記念碑――シティにおける記憶に残る式典」(47)に基づいて、除幕式の様子を確認しておこう。記事は次のような印象的な文章から始まる。

熟慮された簡潔さ故に強い印象を与えた式典の中で、ロンドン自身の戦争記念碑が八日前に除幕された。王立取引所前の指定された位置は特に適切であった。また、式典が始まる数時間前、あたかもその式典が首都にとって重要であることを強調するかのように、ロンドン特有の霧が棺衣のように立ち込めた。それは不似合いでもなかった。それでもなお、霧が上がって屋外に集まった何千というロンドンの人々が、その光景を心だけでなく目で受け止めることができるようになった時、ある程度の安堵感が生じた。その式典は、コンノート公によって執り行われる予定であったが、指定の時刻の少し前になって、式典・記念委員会議長である上級参事会員サー・ホレス・マーシャル（ヴィクトリア勲章中級勲爵士）が、殿下からメッセージを受け取った。それは、ロンドンの「輝かしい兵士たち」の記念碑を除幕できなくなったことを遺憾とし、また、記念碑が「ロンドンの息子たちによって果たされた輝かしい軍務を常に呼びおこすことになる」ことを望むものであった。コンノート公の代理を務めるヨーク公が正午過ぎにマンション・ハウスに到着し、ロード・メイヤーの歓迎を受けた。(48)

この後、ロード・メイヤー、ヨーク公、ロンドン主教、軍隊関係者、シティの参事会員と続く。行列の一覧は**表2－1**に示してある。行列が王立取引所に到着した時、王立取引所前の階段にはすでに参列者が待機していた。その一覧は**表2－2**に示してある。

このあと記事は、「ロンドン主教による奉献」について、「マンション・ハウスから行列が進む間、グレナディア・ガーズ〔擲弾兵近衛連隊〕が国歌を演奏した。王立取引所では、グレナディア・ガーズ第三連隊によって儀仗兵が配置され、ヨーク公が査閲した。ロンドン主教は奉献の二つの礼拝を行った。続く主の祈りでは、集団全体が熱烈に唱和した(49)」と報じた。グレナディア・ガーズ部隊による国歌の演奏と儀仗は、シティの式典と近衛連隊との密接な関係を示している。また、ロンドン司教の下でイギリス国教会の礼拝が行われたことにも注目しておきたい。そ

表２－２　行列参加者一覧

シティの役職	氏名・称号	括弧で明記された役職	ロンドン市の役職	将校位	勲章	その他の役職・称号
	ロード・メイヤー					
	ヨーク公					
	ロンドン主教					
	テイラー・スミス司教	(軍隊付司祭長)				
	ルーカン伯	(シティ・オブ・ロンドン郷土防衛部隊協会議長)				
	メシュエン卿	(ロンドン塔長官Constable)				
魚商組合主席役員	R. ホランド・マーチン氏	(カウンティ・オブ・ロンドン郷土防衛部隊協会議長)				
	C. J. ド・ルージュモン氏					
参事会員	サー・チャールズ・ハンソン准男爵					国会議員
毛織物商組合長	サー・ジェイムズ・バード	(ロンドン市議会事務局)				
金細工商組合主席役員	G. D. ジェフリーズ	(陸軍ロンドン管区London District 指揮官)		大将		
	サー・ジェフリー・バートン	(ロイヤル·フュージリア連隊大佐)		少将		
コイズ保険会長	ライオネル・ハンバリー			大佐		
参事会員	サー・チャールズ・ジョンストン准男爵					
参事会員	アルフレッド・ニュートン准男爵					
参事会員	サー・ジョン・ベル准男爵					
参事会員	サー・ヴァンシッタート・ボウォーター准男爵					
参事会員	サー・チャールズ・ウェイクフォールド准男爵			大佐		
参事会員	サー・ウィリアム・ダン准男爵					
参事会員	サー・ホレス・マーシャル閣下					シェリフ
	クルー侯					
	ギルバート氏	(ロンドン市議会議長)				
	サー・フランシス・ロイド			中将	ロイヤル・ヴィクトリア勲章大十字章	
絹織物商組合長	サー・フランシス・グリーン		ロンドン市議会議員	中尉		
	バーナム子爵					
	サー・バニスター・フレッチャー		ロンドン市議会議員			王立建築家協会フェロー
	エイドリアン・ポロック氏					
	ステュワート・サンキー			大佐	ヴィクトリア上級勲爵士	
	サー・ウィリアム・R・スミス		ロンドン市議会議員	大佐		治安判事
	イーヴリン・ウッド			大佐	殊勲章	
	サー・アストン・ウェッブ				ロイヤル・ヴィクトリア勲章大十字章	ロイヤル・アカデミー会長
	アルフレッド・ドルリー氏、					ロイヤル・アカデミー会員
記念基金の名誉書記	サー・ウィリアム・ソウルズビー				バース勲爵士、インド帝国勲爵士	
	J. アーサー・ランク氏					A. V. N.
	ヴィッカーズ・ダンフィー			大佐		Dupty

の後、記念碑設立のための委員会議長サー・ホレス・マーシャルによるヨーク公への挨拶が引用されている。その時彼は、「名誉大佐」として「軍の階級に相応しい軍服」を着ていた。

お恐れながら殿下に申し上げます。私は、このロンドン部隊記念碑の建立を委託された委員会の議長として殿下に謹んで申し上げます。その記念碑の提案は、私がロード・メイヤーの職にありました一九一九年初めになされました。ロンドンのシティとカウンティがともに敬意を捧げるものでなくては、そのような記念碑にはふさわしくないと痛切に感じました。それゆえ、シティとカウンティの代表が会合を持ちましたのは、まったく協力という気持ちからでした。その結果、記念碑は、シティの中央に位置するこの歴史的に重要な地点に、首都のあらゆるところから受け取った寄付金によって、設立されました。このモニュメントは、われわれ国民の名誉を守るために戦ったロンドン部隊を顕彰するためのものです。この偉大かつ高尚な計画において、あらゆる階級の人々が仲間意識という共通の基盤の上に立つことを発見し、また、誇りと感謝を示すこの一つの表現様式の中に、彼らの勇気と奉仕と犠牲に対するロンドンの人々の一致団結した感謝の気持ちが表されています。高名な方々によって多くの感謝の気持ちがロンドン部隊に捧げられてきました。彼らとともに従軍した皇太子は、彼らを賞賛するにおいて先頭に立っています。ロード・ヘイグ、ロード・アレンビー、サー・アーサー・キュリー（カナダの指導者）その他多くの人々が、ロンドン部隊の素晴らしい資質と高い熱意についてすでに語っています。今日、われわれは、大戦でのロンドンの兵士たちについて仲間の市民が抱いた愛情のこもった記憶を永遠に示す証拠を建立することによって、死者にも生者にも感謝の気持ちを捧げます。閣下、それでは、ロンドンのロンドン部隊記念碑の序幕をお願い申し上げます。(50)

ここでは、この記念碑の設立が一九一九年初めの休戦後の比較的早い時期に決まったこと、当時ロード・メイヤーを務めていたマーシャルが委員長に就任したこと、首都全体から広く集めた寄付金によっていたこと、ロンドンに関係する部隊の戦死者を顕彰するものであったこと、すべての階級のロンドンの人々が一致団結して感謝の気持ちを示すものであったこと、などが強調されている。

序幕が行われたあと、ヨーク公は、ロンドンに関連する師団——第四七、第五六、第五八及び第六〇——の功績を想起して次のように述べた。

これらの輝かしい四個師団の軍務を記憶に留めるにおいては、われわれは、大戦に参加した正規の四歩兵大隊および新たに召集された四六個の歩兵大隊から構成される、王立フュージリア（シティ・オブ・ロンドン連隊）の偉大なる功績を忘れてはなりません。この連隊には二五〇〇〇人の士官および兵士の戦死者名簿があります。所属した多くの者たちが祖国のために自らの命を捧げたロンドンのシティおよびカウンティの歩兵大隊に従軍した、すべての人々の名前が、永遠に生きることを望みます。祖国の防衛と世界の自由のために、この偉大なるシティの住民によってなされた偉大なる犠牲を誇りに思うことは正しい、と考える人々の心と精神の中に。(51)

『ザ・シティ・プレス』が記事で引用したヨーク公の演説の箇所では、王立フュージリア連隊の正規軍四個大隊と新たに召集された四六個大隊の功績を強調し、その連隊に参加した兵士全員を顕彰している。王立フュージリア連隊については次章で論ずる。このあと、ロンドン・カウンティ統監クルーが、ヨーク公に感謝の意を表した。マーシャルは、式典の場である「囲い地」からヨーク公が退出する前に、記念碑の建築家アストン・ウェッブと彫刻家アルフレッド・ドルリーを彼に紹介し、その後、国歌が演奏される中、行列がマンション・ハウスに戻った。マー

表２－３　王立取引所での待機者一覧

シティの役職	氏名・称号	括弧で明記された役職	ロンドン市の役職	将校位	勲　章	その他役職・称号
	レイディ・マーシャル					
	ミス・マーシャル					
参事会員	サー・ルイス・ニュートン					
副参事	ハリー・バード氏					
	リチャード・デーヴィス		ロンドン市議会議員			治安判事
	ミス・グッドヒュー					A.V.N.
	ネヴィル氏		ロンドン市議会議員			
	J. H. ホワイト氏		ロンドン市議会議員			
	モンタギュー・ベイツ氏					
副参事	ヘルバス氏					
	C. ニューウェル氏		ロンドン市議会議員			
	G. W. ヤング氏		ロンドン市議会議員			
	ステュアート・ポロック氏		ロンドン市議会議員			
	サー・ウィリアム・ノットーバウアー	（シティ警察本部長）			ロイヤル・ヴィクトリア勲章中級勲爵士	
	ブレムナー警部	（副本部長）				
副参事	エリス氏					
	M. J. リンゼイ氏		ロンドン市議会議員			
	ジョージ・ラヴィントン氏		ロンドン市議会議員			
	W. リンゼイ・ジョーンズ氏		ロンドン市議会議員			
副参事	ミラー・ウィルキンソン氏					
	C. J. ウィルキンソン－ピムバリー氏		ロンドン市議会議員			
	マーカス		ロンドン市議会議員	大尉		
	C. G. ケイトウィッチ氏、文学修士		ロンドン市議会議員			
	F. A. M. ロード氏		ロンドン市議会議員			
	F. デューズベリー氏		ロンドン市議会議員			
	サー・チャールズ・バーター					
	サー・フランクル・H・グリーン准男爵		ロンドン市議会議員			
	F. D. ウォトニー			大佐		
	H. マンスブリッジ			大尉		
弓職人組合長 服地商組合長	サー・Wm. R. スミス		ロンドン市議会議員	大佐		医学博士、治安判事
	St バーブ　S. スランデン師					文学修士
	イーヴリン・ウッド			大佐		D.S.O

シャルとダンフィー大佐が式典の組織責任者であったことも記事で明記された。

除幕式参列者から見える地域コミュニティ

この記事には、式典の参加者の氏名、役職、称号などが記載されているので、それを基に行列参加者一覧（表2－2）と王立取引所で待機していた参列者一覧（表2－3）を作成した。それらに基づいて、参加者の特徴についてまとめておきたい。

第一に、行列の参加者と待機者で、明らかに階層の違いが現れている。行列参加者はロンドンのシティの役職者とロンドンのイギリス国教会指導者、ロンドン全体の軍隊指揮官、ロンドンのシティおよびカウンティの郷土防衛部隊協会の責任者、正規軍を含む王立フュージリア連隊の指揮官、シティの参事会員と続く。一八八八年の地方自治法に基づいて成立したロンドン市（カウンティ・オブ・ロンドン）の役職で行列に参加できたのは、議長一名と議員三名である。その議員の一人はシティの絹織物商組合長 the Master of Mercers' Company の肩書きを持っていることから行列に参加できたと思われる。表2－2にあるように、王立取引所で待機した参加者には、シティ警察本部長、副本部長が含まれるものの、ロンドン市議会議員が多数を占めていたことが注目される。

第二に、軍隊関係者の存在感である。行列参加者には、陸軍ロンドン管区指揮官が含まれている。この役職は、現在でも、周回するM25の高速道路圏内の大ロンドン市を管轄する司令官であり、バッキンガム宮殿の近衛兵を初め、われわれがロンドンで目にする軍隊を統括する立場にある。経緯については不明であるにせよ、この人物が「魚商組合主席役員 the Prime Warden of Fishmongers Company」の役職を有していたという事実が、大きな意味を持っている。シティの役職の一部が軍隊と結びついていることは確実であり、それは、現在一一月第一週の土曜日に開かれる「ロード・メイヤーズ・ショウ」がある意味軍事パレードであり、新兵のリクルート活動にもなっていることからも推測可能である。退役軍人である可能性が高いが、将校のタイトルを持っている人物が多数を占めていたことは、イギリス社会のエリートの特質でもあるように思える。実際激戦地を経験して付与されるような勲章もいくつか見られる。

第三に、その他の称号等を見ると、記念碑の建設に関わった建築家と彫刻家、治安判事のタイトルを持つ者、現役の国会議員もおり、待機者を含め社会のエリートに属する人々が一堂に会していることが分かる。そしてこの式典が執り行われた場所が「囲い地 enclosure」と表現され、そこには一般の人々が排除されていたことが推測できる。実はこの記事の同じページには、「素晴らしい涙が流れた」と題する『ザ・シティ・プレス』編集長宛の投書が掲載されている。その投書では、この光景を近くで目にすることのできなかった人々も、気持ちの上で参加し、除幕式の時刻にほかの場所で敬意を表していたことが、次のように語られている。

王立取引所前の感動的な光景に無関係でいられるのは何と無神経なことか。今生きているシティのコミュニティが、亡くなった英雄たちに敬意を払っていた時、感動的な光景に参加できなかったわれわれの多くは、それでも心の中では参加し、序幕の瞬間に別の場所で頭を下げる栄誉に預かった。(52)

注

（1） B. Scates and R. Wheatley, "War memorials," in *The Cambridge History of the First World War*, Volume III, Civil Society (edited by J. Winter), Cambridge University Press, 2014, pp. 528-556.

（2）原田敬一『兵士はどこへ行った――軍用墓地と国民国家――』（有志社、二〇一三年）、松本彰『記念碑に刻まれたドイツ――戦争・革命・統一――』（東京大学出版会、二〇一二年）、津田博司著『戦争の記憶とイギリス帝国――オーストラリア、カナダにおける植民地ナショナリズム――』（刀水書房、二〇一二年）。

（3）プロは、社会教育の場として地域社会のアイデンティティ形成に関わるものと理解する（A. Prost, "Monuments to the Dead" in *Realms of Memory*, Vol. II: Traditions, New York, 1997.）。また、ジェイ・ウィンターは、戦争記念碑を遺族による「悲しみの場」と解釈する（Jay Winter, Sites of Memory, *Sites of Mourning: The Great War in European cultural history*, Cambridge, 1995）。マーク・コネリーは、記念碑をコミュニティのアイデンティティと結びつけ、地方政治との繋がりで理解する（Mark Connelly, *The Great War, Memory and Ritual: Commemoration in the City and East London, 1916-1939*, Woodbridge, 2002）。

（4）*Index to the Times.* この時期のものは1年を四半期ごとに四冊で構成される。Great Warの大見出しの下で、War Memorialの中項目の箇所に、記念碑名あるいは地名で検索できる。

（5）そのことは、イングランド銀行の戦争記念碑に関わる資料にも示されている。第三章を参照。

（6）"Marshall—Mayor," *The City Press*, November 9 1918, p.5,

（7）"The Peace Mayoralty. A Never-to-be-forgotten Pageant. Prelude to the Armistice Rejoicings," *The City Press*, November 16, 1918, p. 2.

（8）"Lord Mayor and the Common Council. Historic Messages," *The City Press*, November 16, 1918, p. 5.

（9）""Let London Lead." Prayer Meeting at the Mansion House," *The City Press*, November 23, 1918, p. 2.

（10）"Congratulations from the field," *The City Press*, December 7, 1918, p. 5.

（11）"Welcome to City Regiments," *The City Press*, December 14, 1918, p. 4.

（12）"City Territorials," *The City Press*, December 21, 1918, p. 3.

（13）"Our Honored Dead," *The City Press*, December 28, 1918, p. 2.

（14）"Sons of the City," *The City Press*, January 18, 1919, p. 2.

（15）"The notes and comments," Ibid., p. 4.

(16) "The King and City Troops. A Hyde Park Review," *The City Press*, January 25, 1919, p. 6.
(17) "London Troops. The March through the City," *The City Press*, April 12, 1919, p. 6.
(18) "London and the War. Tribute to the Troops. A March and a Memorial," *The City Press*, April 19, 1919, p. 3.
(19) "The Committee," *The City Press*, April 19, 1919, p. 3.
(20) ホールデンの軍隊改革については，Edward M. Spiers, *Haldane, an Army Reformer*, Edinburgh, 1980を参照。
(21) "For the Sons of the City," *The City Press*, April 26, 1919, p. 4.
(22) "March of London Troops," *The City Press*, May 17, 1919, p. 5.
(23) "March of London Troops," *The City Press*, May 24, 1919, p. 4.
(24) "Sons of the City and County. Date of the Victory March," *The City Press*, May 31, 1919, p. 4.
(25) "Court of Common Council," *The City Press*, June 28, 1919, p. 2.
(26) Ibid.
(27) "March of the London Men. Today's Route," *The Times*, July 5, 1919, p. 13.
(28) "Thanksgiving Day. Tomorrow's Service at St. Paul's. New Verses for National Anthem," *The Times*, July 5, 1919, p. 13.
(29) "Sons of the City," *The City Press*, July 5, 1919, p. 8.
(30) "March of London Men. Triumphal Progress. an Hour's Salute to the King," *The Times*, July 7, 1919, p. 7.
(31) Ibid.
(32) "Men of London. The Great March through the City," *The City Press*, July 12, 1919, p. 3.
(33) Ibid.
(34) Ibid.
(35) Ibid.
(36) "London War Memorial," *The City Press*, August 9, 1919, p. 3.
(37) "Court of Common Council. Memorial to London Troops," *The City Press*, September 20, 1919, p. 2.

(38) "Memorial of London Troops," *The City Press*, November 1, 1919, p. 9.

(39) "Our Debt of Honour," *The City Press*, August 21, 1920, p. 5.

(40) "London Troops in the War. Today's Ceremony in the City. A Story of Great Deeds. 300,000 Casualties," *The Times*, November 12, 1920, pp. 13-14.

(41) Ibid., p. 13.

(42) Ibid.

(43) Ibid.

(44) Ibid.

(45) "London Troops' Memorial. Unveiling by Duke of York," *The Times*, November 13, 1920, p. 15.

(46) Ibid.

(47) "London's War Memorial. Memorable Ceremony in the City," *The City Press*, November 20, 1920, p. 5.

(48) Ibid.

(49) Ibid.

(50) Ibid.

(51) Ibid.

(52) "There has fallen a splendid tear. To the Editor of the City Press," Ibid.

第3章

ロンドン・シティの金融機関と戦死者追悼

はじめに

シティには様々な第一次世界大戦の戦死者追悼記念碑が存在する。第二章で取り上げた王立取引所前のロンドン部隊記念碑のほかにも、ホルボーンの通りの真ん中に設置されたロイヤル・フュージリア連隊記念碑、王立取引所のすぐ近くの教会セント・マイケルズ・コーンヒルのすぐ前に設置された聖ミカエル像の記念碑などがすぐに目につく。しかしながら、シティには表通りからは見えないが、シティの金融市場を構成する様々な組織の建物内部に、第一次世界大戦の戦死者を追悼するために建てられた記念碑が存在するのである。イングランド銀行や株式取引所、商業銀行などである。プルーデンシャル保険会社の記念碑の場合は、一般の人も社屋の中庭に自由に入れるのでわれわれも見ることができる。イングランド銀行、株式取引所、ロイズ保険会社、商業銀行など、建物内部に記念碑が設置されている場合には、残念ながらすぐに見ることはできない。ただし、それら記念碑の多くは、休戦記念日あるいは直近の日曜日には、その前で今なお追悼式典が行われており、新聞やテレビの報道で確認することができる。通りからは目立たないが、シティの教会の中に入ると、多くの金融機関の戦死者を追悼するプレートなどの記念碑が掲げられている。このようなシティの金融機関の記念碑をわれわれはどのように理解したらよいのだろうか。[1]

第二章では、世界の金融センターであるシティのプライドが「王と帝国のために」戦った兵士をたたえるというロンドン部隊記念碑の銘文に反映されたことを示唆した。[2] もちろん、個々の組織や企業がそれぞれの従業員の戦死者のための記念碑を設立したのは、シティの金融機関に限定されていたわけではなく、イギリスの様々な企業や鉄道会社に広く見られる。しかしながら、それでも、通常「王と祖国のために」という表現が銘文に使われる場合が多い中、シティの記念碑には「王と帝国のために」という表現が多くみられる。そこにはロンドン国際金融市場としてのロンドン・シティの地位とそれに伴うシティのプライドのようなものが見え隠れする。ロンドンの金融機関ごとの記念碑のあり方、さらにはそれらの記念碑設立の経緯の一部を明らかにすることによって、シティの戦死者追悼の持つ意味合いを明確化したい。

本章では、第一次世界大戦直後のロンドン・シティにおいて、主要な金融機関は、それぞれの組織から出征した従業員、特に戦死者に対して、どのような対応をしたのか明らかにしたい。まず、一九一九年から一九二二年の時期に限定し、主に『ザ・タイムズ』紙の記事を中心として整理し、重要なものについては『ザ・シティ・プレス』の記事で補足する。これによって、シティの金融機関全体の動向を整理した上で、イングランド銀行の戦死者追悼事業について、一部内部資料を利用して明らかにする。これによって、ロンドン部隊記念碑の設立過程の分析だけでは十分に解明できなかった、国際金融市場としてのシティ(3)の戦死者追悼のあり方を明確にできるはずである。

1　休戦直後におけるシティの金融機関の戦死者追悼活動

本節では上記の問題を検討する前提として、第一次世界大戦休戦直後のシティの金融機関において戦死者の追悼がどのように展開したのかを明らかにする。その際、一九一九年から一九二二年にかけての『ザ・タイムズ』および『ザ・シティ・プレス』の記事に現れたシティの金融機関の戦死者追悼に関わる式典や記念碑設立に関する記事を追ってみたい。もちろん、すべてを網羅できないので、管見の限りということになるが、大まかな動向は把握できるはずである。では、さっそく関係の記事を追ってみることにしよう。

イギリスの商業銀行による従業員の戦死者追悼

最初に取り上げなくてはならないのは、一九一九年二月二六日水曜日夕方にセント・ポール大聖堂で行われた「戦死したイギリスの銀行従業員のための追悼礼拝」である。礼拝には、主要な金融業者、すべての大銀行の代表が出席した。また、大蔵大臣も出席する予定であったが、代理が出席している。出席した銀行には、ロイズ銀行、ロンドン・ジョイント・シティ・アンド・ミッドランド銀行、リヴァプール・アンド・マーティンス銀行、ウィリアム・ディーコンズ銀行、インド・チャータード銀行、ロンドン・カウンティティ・ウェストミンスター・アンド・パース銀行、バークレイズ銀行、ナショナル・プロヴィンシャル・アンド・ユニオン銀行、南アフリカ・スタンダード銀行、アングロ・サウス・アメリカン銀行の頭取および理事たちが出席した。当時のイギリスの「五大銀行」の頭取あるいは理事が出席するなど、この礼拝は、イギリスの主要な商業銀行のトップが出席したことで、従業員の戦死者に対する弔意を商業銀行として示したことになると言えよう。(4)

そのほか、銀行が個別にシティの教会で追悼式典を開催している。たとえは、五大銀行の一つナショナル・プロヴィンシャル・アンド・パース銀行は、一九一八年一二月一四日土曜日に、シティの教会セント・ヘレンズ・ビショップズゲートで従業員の追悼礼拝を行っている。(5)また、五大銀行に属するロンドン・カウンティ・ウェストミンスター・アンド・パース銀行も、シティの教会セント・ボトルフ・ビショプズゲートで従業員のための追悼礼拝を実施している。(6)注目しておきたいのは、先ほどのロンドン・カウンティ・ウェストミンスター・アンド・パース銀行が、一九二〇年六月の段階で、五〇名の従業員の戦死者の名前の刻まれた大きな銘板を本店入り口に掲げていることである。(7)

イングランド銀行による職員の戦死者追悼式典

次に取り上げなくてはならないのは、イングランド銀行による従業員の戦死者追悼式典である。一九一九年四月一二日土曜日午後にシティからはテムズ川を挟んで対岸にあるサザーク大聖堂で執り行われ、イングラント銀行総裁サー・ブライアン・コケインをはじめ、理事たちも参加した。サー・ブライアン・コケイン（イングランド銀行総裁）、ロード・ホレンデン（一九〇三〜一九〇五年にイングランド銀行総裁を務めたサミュエル・モーリー）、理事レベルストーク卿（ジョン・ベアリング）、理事サー・R・M・キンダーズリー（ラザード商会）、レディ・カンリフ（一九一三〜一九一八年にイングランド銀行総裁を務めたウォルター・カンリフの妻）、F・フース・ジャクソン（マーチャントバンカー）、ライオネル・H・ハンバリー大佐、サー・ゴードン・ネアン、サー・ジョン・ブラッドバリー（大蔵省事務次官）、サー・ウィリアム・リーズ（イングランド銀行事務弁護士）、サー・クリストファー・ベインズである。(8) イングランド銀行史においてはもちろんであるが、この時期のイギリス金融史、イギリス金融政策史においては、金本位復帰を勧告した「カンリフ委員会」、第一次世界大戦後のドイツの賠償交渉の中でイギリス代表を務めたブラッドバリー、さらにはベアリング商会を筆頭にロンドン金融市場の一翼を担うマーチャントバンカーが理事を務めていたことが、改めてこの追悼式典の参加者から確認できるのである。

式典にはスコッツ・ガーズの近衛連隊の楽団が参加し、聖職者としては、主教座聖堂参事会員のホールデンとクレイグ、イングランド銀行の教区教会であるセント・マーガレット・ロスベリー教会の授禄聖職者（プリベンダリー）イングラムによって式典が執り行われた。ロンドン大執事（ディーコン）のスピーチでは、イングランド銀行から出征した市民兵七〇名が犠牲を捧げたこと、また、サザーク大聖堂には、六〇年間イングランド銀行に忠実に仕えて、一八世紀末に事務職員の地位から出納長に昇進した、エイブラハム・ニューランドが埋葬されており、彼の名前を記憶にとどめておくべきこと、また、イングランド銀行の最初の副総裁マイケル・ゴドフリーは、「一六九四年にオランダにおける大戦の中で、ウィリアム三世と祖国の財政の手はずを決めるために出征し、現在の戦争で戦死した人々と同じように、祖国に命を捧げた。彼はナミュア包囲の戦場で撃たれたのである」と。式典では、「労苦から開放されて憩うすべての聖人のために」の賛美歌が歌われたあと、戦死者七〇名の名前が読み上げられ、ショパンの葬送行進曲が楽団により演奏され、「ラスト・ポスト」が奏でられたあと、合唱隊と楽団、オルガンに率いられて「国歌」が歌われた。[9]

このように、式典ではイングランド銀行の故事にちなんだスピーチのあと、戦死者の労苦をねぎらう意味の賛美歌が選ばれ、最後は追悼ラッパと国歌によって締めくくられた。この式典は、サザーク大聖堂が選ばれ、イングランド銀行関係者のみで実施されたことに対して、イングランド銀行の持つ公共性の観点から批判的な投書が『ザ・シティ・プレス』にあった。[10]しかし、一九世紀以来のイギリス金融市場の二大構成要素であった、国際金融に傾斜した個人銀行家マーチャントバンカーと、国内産業を顧客として出発しながら、この時期に国際金融に乗り出し始めていた「五大銀行」を軸とする商業銀行とが、それぞれ、理事や頭取を中心とする金融機関の経営トップの参加を得て、従業員の戦死者を讃えるという共通の構図が見て取れるのである。

シティの教区における戦死者追悼活動

このような金融機関ごとの従業員の戦死者追悼のほかに、シティの教区ごとの戦死者追悼式典がある。例えば、一九一九年三月一九日木曜日にシティの教区教会セント・メアリ・オルダマンブリにおいて、「セント・アルフェジ・ロンドン・ウォールとセント・メアリ・オルダマンブリの合同教区にある企業に関連して、祖国の軍務で戦死した将校、准尉、兵士の追悼礼拝」が行われた。[11]『ザ・シティ・プレス』の記事には、関係企業の名前と出征・戦死者数が記載されている。筆頭のブラッドバリー・グレートレックス・アンド・カンパニー（元馬車製造業者で、当時は商社と思われる）は、三七三人出征して四七人死亡などと、企業名と出征人数、死亡人数が記載されている。シティの商社が多数を占めているが、絹織物製造のコートールドの名前もある（四五人出征して五人死亡）。記事によると、二つの教区で、少なくとも一九一七名が入隊し、そのうち二二一名が戦死した。「二二一名を亡くしたある企業では、年長者は三四歳、最年少は一九歳であった。永遠なるものにおいては、時は存在しなかった。これらの若者は、老いるまで生きなかったので、痩せ衰えなかった。彼らはこの世の生命において自らの歩みを終えたが、別の生命において新たな歩みを踏み出すためである。そこでは、罪のあらゆる汚れがなく、彼らは永遠に生きる。最後に、司祭（レクター）は、その教会に追悼礼拝堂を建てるつもりであり、逝った友の名前がそこに神聖なものとしてまつられることを、会衆に知らせた[12]」。

この記事に記載されたのは、シティの北端に位置するこの教区に事務所を持つ企業で、詳細は不明であるが、様々な取引を行う比較的小規模な商社が多く参加していると考えられる。司祭の言葉の中には、戦死者の永遠の命を強調するくだりがあるが、イングランド国教会の言葉としては共通に語られていると考えられる。また、おそらく戦死者名簿が安置される追悼礼拝堂の建設のための募金の呼びかけが行われた。この時期のシティにおいては、一つの企業が複数の追悼礼拝に参加するし、シティの教区教会での礼拝や寄付など、多様な追悼事業が展開されていたことが理解できよう。

この段階では、セノタフもロンドン部隊記念碑もなく、それぞれの金融機関や商社、シティに事務所を置く企業それぞれが、出征して戦死した従業員の追悼活動を経営トップの側から実施せざるを得ないような状況があったのではないだろうか。『ザ・シティ・プレス』の編集宛の次の投書に注目したい。

拝啓

貴紙のコラムにおいて、時に、「帝国の軍務」を即座に引き受けることによって「国民と大惨事の間に立ちはだかった」、「〔一九〕一四年八月の兵士たち」や他の勇敢な若い市民たちの自己犠牲的な愛国心について言及されています。したがって、シティの商業組合、富裕な商人たち、他の有力者たちは、彼らの輝かしい仕事をどれだけ高く評価しているか、またわがシティの息子たちをどれだけ誇りに思っているかについて、戦う市民たちに対して証明する必要があり、そのための計画に有力者たちがいかに熱心にかかわっているかが分かってたいへん満足しています。それほど快く寄付を受けている基金の相当な額が、喝采の香りが消えたあとも長きに渡って受取人に感謝されるような、実質的なことがらの提供に使われることを大いに望みます。戦債のようなわずかな「虎の子」がどれだけ役に立つのでしょうか。もしシティの父親たちが、ロンドン・シティ大隊に関して手本を示すならば、グレーター・ロンドンの自治区(バラ)当局に強力なインセンティブを与えることになると確信します。

一人の市民より
デンマーク・ヒル[13]

この書簡は、軍務に志願したシティの若者に対するシティ企業の責任を強く主張し、彼らに対する実質的な貢献をするよう、シティ企業に多額な金銭的な負担を求めている。これまで見てきたような、第一次世界大戦の休戦直後のシティの金融機関や、教区における追悼式典、さらには、記念碑だけではなく、同時に様々な実質的な貢献が提案され、その一部が実施されていくことになるが、この投書は、そのことを端的に示していると言えよう。このような状況の中で、それぞれの金融機関が職員の戦死者追悼のための記念碑の設立を決定し、それに向けて設立委員会の設置に始まって、寄付活動を広く展開する。そのような活動の結果として、かなりの時間をかけて記念碑の建立と除幕式が実現するのである。ロンドン部隊記念碑の設立の過程で起きた様々な意見対立や計画変更、さらには、「実質的なことがら」をそれぞれの機関がどのように実現していくか、個々の組織の特徴とも関わってくる。その最も典型的なイングランド銀行の事例を見ておくことにしよう。

2　イングランド銀行の職員層と第一次世界大戦

本節は、イングランド銀行における職員の戦死者追悼のあり方を、イングランド銀行のホームページで公開されている一次資料[14]を使って明らかにする。イングランド銀行における記念碑設立の経緯を再現し、記念碑のデザインや記念碑以外の寄付のあり方なども含めて、どのような手続きで記念碑の設立を決定したのかを明らかにしたい。その過程で、イングランド銀行の理事と職員という組織のあり方、職員の中の階層制の問題、女性職員の位置づけなどが問題になろう。また、記念碑設立のための職員総会での設立委員会委員長の演説のレトリックも整理してみたい。

イングランド銀行は、一六九四年に政府への軍事費の貸し付けのために株式銀行として設立された。設立時の組織としては、理事は出資者のロンドンの銀行家たちから選ばれた。初代総裁ジョン・ウーブロンはフランス出身のユグノーの銀行家であった。設立当初のイングランド銀行の日常業務を担当したのは、一九名の職員であった。上級スタッフとして、業務局長（チーフ・キャッシャー）、経理局長（アカウンタント）、秘書役兼弁護士（セクレタリー）の三名が重要であった。業務局長が銀行業務の責任者で、一九一四年までイングランド銀行内に居住していた。第一次世界大戦直前にも、イングランド銀行政策の意思決定を行う理事と、日常業務を行う職員という構成は、基本的に変わらなかった。一九一四年には約一〇〇〇人の職員が様々な業務に携わっていた。この時期、局長クラスのほかには、非常勤職員や女性職員も含まれていた。また、紙幣の印刷等を担当する印刷部門、各金融機関に情報を伝えるポーターなど、多様な現業部門の職員を抱え、労働者階級に相当する階層を含み、職員層もすでに階層化していた(15)。

それでは、第一次世界大戦期にイングランド銀行はどのような役割を果たしたのだろうか。戦争勃発とともに、公定歩合の引き上げが行われ、金輸出禁止によって事実上の金本位制停止、為替管理が行われた。また、戦争遂行のために、戦時国債の発行と引き受け、さらには代理人J・P・モルガンを通じたアメリカでの戦時国債の販売や借款交渉にも関わった。また、大蔵省手形を通じてロンドン短期金融市場における短期的な戦費調達も行われた。このように、イングランド銀行はイギリスの戦争遂行において金融面から国家を支えたのである。しかもロンドン金融市場を最大限に活用することで、戦争遂行の資金調達に関わったのである。それを象徴するかのように、国王ジョージ五世が戦時中イングランド銀行を訪問している。

追悼委員会の設立と展開

イングランド銀行における職員の戦死者の追悼については、シティの他の金融機関に比べて、かなり早い時期に対応が始まっている。休戦が成立した一〇日後の一九一八年一一月二一日には各部門からの代表者で構成される暫定委員会が発足し、そこでは翌年の二月一八日に職員総会を開催して事業提案をすることが決定され、業務部門の

図３－１　イングランド銀行記念碑の除幕式

出典：Bank of England Archive, M 5 /712, p. 154.

ブライアントが委員長に選出された。これを受けて、一九一九年二月一八日午後五時三〇分から職員総会が開催され、記念事業として、かつて教会の境内であった中庭に十字架を建立し、併せてガイ病院へ病床を寄付することが提案された(16)。

その後、職員による投票、寄付の募集が行われた。この間、この追悼事業から印刷部門が脱落し、独自の記念事業を行っている。寄付は順調に進み、当初の目標をはるかに超えて集まった。そのため、当初十字架であった記念碑が、聖クリストファー像に変更され、その結果を受けて、彫刻家への依頼、交渉がなされている。また一方で、病床の寄付に関わってガイ病院との交渉も行われている。まずは、すでに説明したように、一九一九年四月一二日土曜日の午後にサザーク大聖堂で公式の追悼式典が行われた。そして最終的には、一九二一年一一月一一日の休戦記念日に、七一名の職員の戦死者を追悼するために中庭に設置された聖クリストファー像の記念碑の除幕式が執り行われた。その時の様子は、図３－１から分かる(17)。

それでは、追悼委員会の職員構成を確認するために、表３－１の暫定委員会のメンバー一覧を確認しておこう(18)。女性事務員、（現金）業務部門、証券部門、支店、印刷部門、ポーター、作業部門、クラブ従業員からなっている。歴史的に見てイングランド銀行の業務で最も重要な部門が業務部門であり、業務局長が職員としての最高位にあっ

表3－1　暫定委員会のメンバー（1918年11月21日）

部　門	委　員
the Women Clerks	Miss Dawson
the Cash Side	Mr. W. G. Bryant, Mr. L. F. Sandeman, Mr. J. Sands.
the Stock Side	Mr. R. B. Greenwood, Mr. R. A. Stanley.
the Branches	Mr. F. E. Gifford
the Printing Department	Mr. Jay & Mr. Marshall
the Porters	Mr. Netherelift
the Works Department	Mr. Pyne
the Club Employees	Mr. Gibson

出典：Bank of England Archive, M5/712, p. 1.

た。この表からも、代表者として最大の三名が参加し、委員会の正式な委員長に任命されたのは、この部門の代表のブライアントであった。印刷部門は、紙幣や有価証券の印刷という特殊な部門ではあるが、職人的あるいは労働者階級的な階層に位置するといえよう。ポーターについては、かつてはイングランド銀行の公定歩合の変更などの情報をシティの金融機関にいち早く連絡する仕事もそれに含まれており、第一次世界大戦中は出征した男性職員に代わって女性職員が活躍したことは、イングランド銀行貨幣博物館の展示で確認している。最後のクラブについては、その後の議論の中で、クラブへの寄付も考慮されており、従業員の厚生施設としての意味があったと思われるが、イギリスではクラブはミドルクラスの社交の場という性格を持っており、この場合もそれに当てはまったのではないかと推察できる。

追悼委員会委員長ブライアントの職員総会演説

それでは、一九一九年二月一八日午後五時三〇分から開催された職員総会において、職員代表のブライアントが行った演説(19)の内容について、そのレトリックを見ておくことにしよう。

最初にブライアントは、「祖国のために死ぬことは甘美である」という古代ローマ共和政末期から帝政初期の詩人ヴェルギリウスの言葉を引用し、「これを言い伝えるのは容易であるが、記憶にとどめるのは容易ではない」と述べ、「本日午後われわれが集まるのは、こうならないようにするためである」と続ける。「戦死者名簿が朗読された。今記憶の中でその顔を思い起こす、六八名のわれわれの仲間は、人生が彼ら自身にとってもっとも甘美で輝かしいときに、われわれのために大きな犠牲を払った。若さと力と約束の絶頂の時にあなたがたや私のために死んだ。そのためにわれわれは生きている。彼らは王と祖国のために死んだ。彼らは、銀色の海の中にある宝石イングランドを救うために、イングランドの自由とわれわれの自由を守るために、死んだ。彼らは、愛国心と義務と名誉で燃えさかったこの場所から出て行って、帰ってこなかった。『彼らの名前は灰の中で甘く香り、花咲く』。したがって私は、何よりもあなたがたに、彼らの犠牲とその英雄的偉大さを、さらにはそれがわれわれやあなたがたにとって意味することを考えてほしい」。ブライアントは、「祖国のための死」を高らかに謳いあげるのである。[20]

次に、「友のために死ぬことほど偉大な愛はない」という聖書の句を引用しながら続ける。「これらの若い輝かしい幸福な人生は、われわれのために捧げられ、われわれの間に彼らの足跡を残さないままなのだろうか」と問い、そのあと、イングランド銀行の総裁も業務局長もイングランド銀行の壁に名前を刻むことはこれまでなかったことを確認する。「今は、ここで――われわれの仲間の死に基づいて――一つの伝統を試みに確立する、またとない好機であるように思われる」。「われわれの兄弟たちは最高の犠牲を払った。そのような犠牲にふさわしい唯一の記念碑は、これら〔イングランド銀行の〕壁の中にいつの日か――神の思し召しがあるならば――記念礼拝堂を建てることである。人間の記憶を永遠なものにして人間の理想を高めるために、この世で神の家（Domus Dei）にかなうものはない。皆さん、私はこのことを深く感じます。われわれはこの場所に新しい雰囲気の宿ることを望んでおり、キリスト教だけがそれを与えてくれる。イングランド銀行は純然たる物質主義の場である。その建物を拡大しようとして教会を取り壊した。奇妙なことに、今日のあらゆる不安――この場所のシステムと精神全体に対するこの奇妙な現在の混乱——の中で、われわれは、ここ〔イングランド銀行〕においてこれまで支配的であった命についての純粋に物質主義的な見方に対して、避けることのできない罰を支払っている。男性——および女性——は、ここでは世界の浮きカスをひっくり返すための単なる機械であり続けるだろうか(21)」と。

このように、イングランド銀行は物質主義の場であると認識したうえで、イングランド銀行の建物の拡大に際して教会を取り壊したことが、現在の罰を受ける原因であるかのように論じるのである。

「思うに、イングランド銀行専属のチャプレンが司牧して、喜びと悲しみの中にあるわれわれとともに歩むならば、世界金融のこの有名な中心地の教会は、イングランド銀行とロンドン・シティだけでなく帝国全体を通して、ビジネスに広く影響を与えるであろう。セントポールの黄金の十字架がシティ全体を支配し、いわばシティを神に捧げるのと同じように、イングランド銀行の教会堂は、ビジネスを聖化して、ビジネスのすべてのありようを神聖化する。われわれ自身ならびにわれわれの後継者にとって、その礼拝堂は啓示であり、このような歴史的な場所の周辺に付着する人間的伝統の宝庫となろう。また、二〇〇年後に『大戦後彼らは、イングラントのために戦死したこの家の英雄たちを記憶するために何をしたのか』と問うとすれば、『彼らは神の栄光と仲間の記憶のためにこの礼拝堂を建てた』と、誇り高くしかし控えめに答えるであろう(22)」と。

しかしながら、このようなことは夢であって自分たち職員だけでは不可能であるとも認識する。それは現在のこの場所が建て直されるときのイングランド銀行総裁と会社の仕事であると。そして、「われわれが今ここで自分たちだけで何ができるか」と問う。

この問いに答える形で、暫定委員会の提案を披露する。

第一に、われわれの兄弟たちの犠牲の可視的な永遠のシンボルとして、記念十字架を、セント・クリストファー・

ル・ストック教会のかつての境内であるイングランド銀行の中庭に建てること。これは「われわれの間にある宗教的本能を満足させ、未来の世代に、大戦においてイングランドとイングランド銀行のために捧げられた命の永遠の可視的な記念碑」となる。(23)

第二に、「生きてイングランド銀行で労働する人々の人間として苦痛の重荷を救済するために、何らかの組織に病床を寄付する」。できれば、これまでイングランド銀行の病院であるとされてきたガイ病院へ。(24)

最後にブライアントは、暫定委員会を代表して、この具体的な提案を検討するための委員会を提案し、その提案は承認された。

物質主義の克服とキリスト教的レトリック

イングランド銀行職員による戦死者追悼をどのように位置づければよいのだろうか、この点についてまとめておきたい。

第一に、休戦とほとんど同時に、職員の戦死者追悼委員会が設立されていることが確認できる。金融機関職員の戦死者の追悼式典や記念碑建立はシティ全体としてもかなり早い時期に行われている。その意味で、第一次大戦後の記念碑設立ブームを先導したのが、シティの金融機関ということにもなろう。

第二に、戦死者追悼行事も記念碑の設立も、イングランド銀行の政策決定に関わる理事会とは切り離されて、職員たちの自発的な活動として実施されており、総会も時間外に開催されている。しかしながら、暫定委員会のメンバーを見ると、イングランド銀行の組織を反映し、代表者の人数はその部門の行内での組織上の地位や重要性を表していると解釈できる。女性従業員の代表が特別に選出されていることも、第一次世界大戦期における女性の職場への進出とも関係していると言えよう。また、現業部門の代表が参加していることも注目されよう。なお、印刷部門の設立委員会からの脱落は興味深い。

第三に、職員総会での委員長ブライアントの演説を見ると、古典的教養に基づいて「祖国のために死ぬこと」を美化するとともに、十字架のイエスというキリスト教的レトリックを使った若者の死の美化がなされており、イングランドに対する強い愛国心が謳われている。

第四に、イングランド銀行の建物が、かつてあったシティの教会を解体して増築されたことと関連して、イングランド銀行に代表されるシティの物質主義と聖なるものとの関係性の問題がある。その際キリスト教的なレトリックが繰り返し使われる。イングランド銀行に体現される物質主義を贖うためには、かつての教会を再建して聖職者を常駐させ人々が教会と苦楽をともにすることが理想であるとする。そのことが、シティのビジネス全体を聖化されることによってイギリス帝国全体にも貢献するという。

第五に、しかしながら教会の再建は、職員の自発的行為としての追悼行事としては不可能なので、かつての教会の境内に相当するイングランド銀行の中庭に十字架を再建するというレトリックであった。イングランド銀行の戦死者追悼事業は、単なる企業の枠を越えて、レトリックとしては世界の金融市場ロンドン・シティのビジネスの聖化にも通じていると言えよう。その意味で「王と祖国のため」だけでなく、「王と帝国のために」であったと言えよう。

最後に、一九二〇年一〇月九日の『ザ・シティ・プレス』に掲載された「イングランド銀行記念碑」と題する記事について触れておきたい（図3－2）。この記事は、セント・ボトルフス・ビショップズゲートで行われた「六時課礼拝」でのA・ロンバルディーニ師のスピーチからの抜粋である。記事によると、師は、ウィリアム・パターソ

図３－２　イングランド銀行記念碑
出典：Bank of England Archive, M５/712, p. 145.

ンによるイングランド銀行の設立が、フランスとの戦争を国王（ウィリアム三世）が遂行するための資金を貸し付けることに関連し、当時副総裁が正貨を届ける途中で砲弾によって死んだこと、一七八一年に〔ダニエル・ブース〕総裁が死んで、後にイングランド銀行の敷地に併合されるセント・クリストファー・ル・ストックの境内に埋葬されたことを確認した。その上で、イングランド銀行当局は、戦争記念碑の準備をしており、その目的のために一八〇〇ポンドの額を支出することを決定したことを伝えた。さらに、「一千ポンドが、近隣の病院にイングランド銀行の従業員を優先的に利用する病床の寄付に使われる予定である。小さな子どもを背中に抱えた聖クリストファーの像がイングランド銀行に設置される。これは、ロンドンの霊的スポットになる。その像は、かつてのセント・クリストファー教会の解体を償うための真摯で誠実な試みであり、石と硬貨に囲まれた情況の中に聖なるシンボルを入れることになる。それは、貨幣市場に酔いしれた人びとに対するメッセージとなり、物事を冷静に判断するようにさせる」と演説し、ロンドンの古い教会は、たとえ無くなっても、重要な役割を演ずると述べた[25]。

このように、イングランド銀行記念碑の設立は、職員の戦死者の追悼のみならず、イングランド銀行という「石と貨幣にかこまれた情況」においてキリスト教的な救済の意味を見出したのである。

3　一九二一〜二二年休戦記念日におけるシティの追悼式典と金融機関の記念碑

本節では、そのほかの金融機関の記念碑について確認しておこう。まずは、一九二一年一一月一二日土曜日の『ザ・タイムズ』の紙面を見てみよう。前日の休戦記念日の各地の様子が分かる。この第三回目の休戦記念日には、イングランド銀行記念碑を含めて、シティのいくつかの戦争記念碑の除幕式が行われている。まずは休戦記念日のシティ全体の式典から確認しておこう。

シティにおける一九二一年第三回休戦記念日

この年の第三回休戦記念日のシティの様子が、「シティにて――ビジネス界の敬意」という『ザ・タイムズ』記事の中で紹介されている。それによると、「シティの心臓として知られるマンション・ハウス、イングラント銀行および王立取引所の集まる空間は人で混雑し、一一時の時報は特に印象深く厳粛なものであった。マンション・ハウスのバルコニーでは救世軍によって賛美歌礼拝が執り行われた。集まった多くの人びとは、近隣の倉庫、店舗および事務所から来た。帽子を脱いだ事務員、女性タイピスト、トップハットをかぶったシティ商人、毛皮を着た女性、ポーター、メッセンジャー、掃除夫、お仕着せをまとった使丁である。群衆は、西はチープサイドおよびクイーン・ヴィクトリア通り、東はスレッドニードル街、コーンヒルおよびロンバート街、南はキング・ウィリアム通りの遙か遠くまで及んだ(26)」。

このシティの第三回休戦記念日の式典の中心は、マンション・ハウスのバルコニーであり、そこでの救世軍による賛美歌礼拝が式典の焦点であった。これは第二回、さらに遡って一九一九年の第一回のシティの休戦記念日も同様であった。一九二〇年一一月一二日に除幕されたロンドン部隊記念碑はまだ式典の中心にはなっていなかったのである。まずはこのことを確認しておきたい。

インググラント銀行記念碑についてはすでに論じたが、ここでは一九二一年一一月一二日の『ザ・タイムズ』の記事を確認しておこう。一九二一年一一月一一日に「イングランド銀行の中庭で、総裁モンタギュー・コレット・ノーマン氏は、多くの参列者の中で、戦死した七一名のイングランド銀行従業員の記念碑を除幕した。R・R・グールデン氏の作品である記念碑は、イングランド銀行の建物の中に位置する小規模な教区セント・クリストファー・ル・ストックの守護聖人である聖クリストファーの等身大のブロンズ像の形態をとる。伝説では子どもたちに対する彼の愛で有名であった聖クリストファーは、小さな子供を肩の上に抱えている姿で描かれている。短い礼拝が、ロンドンのアーチ・ディーコンであるE・E・ホームズによって執り行われた。彼はまた、記念碑を奉献し、その後、『ラスト・ポスト』『レヴァリー』が、ラッパ手によって演奏された。その像が建てられた庭は、かつての教区教会の境内の上に位置する」[27]と記されている

このイングランド銀行の記事のすぐ下には、「ミッドランド銀行」の記念碑の除幕が報じられた。記事によると、「昨日、ロンドン・ジョイントストック・アンド・ミッドランド銀行の本店において、理事会の頭取マッケナ氏は、命を失った七一七名の同行の職員に敬意を表して、理事たちによって建立された戦争記念碑を除幕した」[28]とある。すでに述べたように、ミットランド銀行は手形交換所に加盟する商業銀行であり、当時の大手「五大銀行」の一つであり、その中でも国内産業とのつながりの強いことで知られる銀行である。

この後、様々な金融機関の従業員の戦死者のための記念碑の除幕が行われている。

プルーデンシャル保険会社記念碑とロンドン株式取引所記念碑

一九二二年三月に入ると、プルーデンシャル保険記念碑の除幕の様子が伝えられた。『ザ・タイムズ』には、除幕式の際に、巨大なユニオンジャックをかけられた記念碑が、中庭にはいるために建物入り口のアーチを通る場面の写真が掲載された。写真には、「プルーデンシャル保険会社の戦争記念碑が昨日ホルボーン・バーズの本店の中庭で序幕」(29)とある。この記念碑は死にゆく兵士が二人の天使に支えられている印象的な記念碑である。図3－3は現在の記念碑である。

図3－3　プルーデンシャル保険会社記念碑

筆者撮影.

一九二二年の第四回目の休戦記念日を迎える少し前の一〇月二七日に株式取引所記念碑が除幕された。その翌日の『ザ・タイムズ』には詳しい記事(30)が掲載された。また、株式取引所内の一方の壁一面に設置された記念碑の写真（図3－4）も掲載されている。(31)記事によると「バルフォア卿が戦争記念碑を除幕した昨日ほど、株式取引所が人々であふれかえったことはなかった」。「取引所の建物のカペルコート側壁面全体を占拠する記念碑には、四〇八名の名前が刻まれているが、この数字は、大戦において戦死した株式取引所のメンバー全体のわずか三分の一――会員、公認職員および非公認職員――に過ぎない」とされ、当日は戦死した職員の親族が式典に招待された。式典は非常に印象深いものであった。特別な賛美歌が株式取引所聖歌隊によって歌われ、「ラスト・ポスト」と「レヴァリー」が、

図３－４　ロンドン株式取引所記念碑

出典：*The Times*, October 28, 1922, p. 14.

図３－５　王立フュージリア（シティ・オブ・ロンドン連隊）**記念碑**

筆者撮影.

オナラブル・アーチレリ・カンパニー部隊によって演奏された。取引所委員会の議長は、追悼目的に集まった額の六分の五は、戦死した兵士の扶養家族の支援のために当てられ、その六分の一が記念碑の設置費用に充当されたが、その建設にはそれよりも費用がかかり、不足分は個人の寄付によったことが強調された。

王立フュージリア連隊記念碑

さらに、一一月五日には、ホルボーン通りの「ホルボーン・バーズ」と呼ばれる地点（かつてここには消費税を取り立てる柵 bars があった）の真ん中で、王立フュージリア（シティ・オブ・ロンドン連隊）の記念碑が除幕された。一九二二年一一月六日付けの『ザ・タイムズ』の記事「王立フュージリア連隊——戦争の記録」と題する記事[32]が掲載され、同連隊がロンドンと一体化していることが紹介された。記事には以下のように、その式典の様子が報道された。

大戦で戦死した二二〇〇〇人の将校と兵士のためにホルボーン・バーズに建立された、王立フュージリア連隊の記念碑は、日曜日の午後、ロンドン市長によって除幕され、ロンドン主教によって奉献された。記念碑は、アルバート・トフトの作品であり、勝利の姿勢で銃剣を装着したライフルを右手に握って完全装備の王立フュージリア連隊歩兵を表したブロンズ像である。

（中略）

フュージリア連隊長コリン・G・ドナルド少将は、（中略）王立フュージリア連隊は、常にロンドン連隊であったし、ほとんどもっぱらロンドンで動員されたと述べた。一八八八年に陸軍の再編で、それは王立フュージリア（シティ・オブ・ロンドン）連隊の名称を与えられた。[33]

この記念碑（図3－5）は、現在でも「追悼日曜日」前後の戦争関連のテレビ番組など、戦争記念碑の一つの典型としてさまざまな場面でその画像が使われている。この連隊は、正規軍四個連隊を含むが、それ以外はロンドンの市民の志願によって構成される市民軍でもある。また第一次世界大戦中は、市民で構成される新しい大隊が次々に追加され、主にロンドンでリクルートされたのである。中には、「ストック・ブローカーズ大隊」など、シティの金融機関でリクルートが行われた部隊もある。臨時に拡大されたため、ロンドン部隊記念碑には大隊名までの記載はできなかった。[34]この新たに除幕された記念碑の銅板にはすべての大隊名が記載されている。除幕式にはロード・メイヤーが参加するなど、シティ当局としてもこの連隊に関わっていることが分かる。[35]『ザ・シティ・プレス』にはその名称や順序が間違っているとの指摘がなされるほど、シティにおいては重要な部隊であると同時に、ロンドン部隊に所属する郷土防衛部隊も含むなど、「ロンドン部隊」とは複雑な関係にある。記念碑は、王立フュージリ

ア連隊による募金活動によって設立されたが、除幕式のあと、シティ自治体に寄付されている。(36)

一九二二年第四回休戦記念日のシティ追悼式典

一九二二年一一月一二日の『ザ・タイムズ』記事「シティにおいて――印象的な式典」には、記念碑に捧げられた花の世話をイングランド銀行の女性従業員が行っていた様子が報告されている。

記事は以下のように説明する。第五六（第一ロンドン）師団、第四七（第二ロンドン）師団、郷土防衛部隊、オナラブル・アーチレリ・カンパニー部隊の軍楽隊が行進し、記念碑前に整列した。行列には第四七師団の士官たちが加わったが、四人のイングランド銀行の女性たちも行進した。この四人の女性は、記念碑に捧げられた花の世話を一年中行っていた。彼女らが、記念碑の台座にリースを捧げた。そのしばらくあと、一一時の最初の鐘が鳴り、「二分間の沈黙」が始まった。国旗は半旗の位置に掲げられ、人々は帽子を取り、そして緊張した沈黙が訪れ、驚いた鳩の翼の羽ばたきだけが沈黙を破った。また、周囲については、チープサイド、クィーン・ヴィクトリア通りおよびその他の道路は、動きの取れないほどの人で埋め尽くされ、マンション・ハウスのバルコニーは人であふれ、建物の屋根には多くのシティの働き手が登っていたことが報告されている。また「二分間の沈黙」の後は、賛美歌「主よ、わが助けよ、いつの世にも」が歌われたことも記されている。おそらく、非常に感動的な光景であったと想像できる。(37)

おわりに
――ロンドン金融市場の記念碑とシティのプライド

第一次世界大戦を契機にニューヨークのウォール街の台頭があるとは言え、二〇世紀においてロンドン・シティは世界の金融センターであり、大英帝国の首都であった。イギリス経済は、二〇世紀にはジェントルマン的特質を強めながら、イギリス経済にとって「見えざる輸出 invisible exports」(利子や手数料など貿易外収入)の重要性が高まり、その結果、ロンドンのシティはそれまで以上に世界の金融センター、さらには大英帝国の首都としてのプライドに固執していったと考えられよう。[38]このようなプライドが、シティのあちこちに競うようにして建立された戦争記念碑に込められているのではなかろうか。最もそれをよく示しているのが、「シティの心臓」王立取引所前に位置し、碑文に「王と帝国」と記された「ロンドン部隊記念碑」である。

シティの休戦記念日の追悼式典は、一九二二年の休戦日以来、ロンドン部隊記念碑の前で行われることになったのである。ここでの式典はセノタフのような遺族の「悲しみ

図3－6　「ロンドン部隊記念碑」．右手にイングランド銀行，左手奥にマンション・ハウスが見える．

筆者撮影．

の場」ではなく、おそらくイギリスで最大の市民軍を維持する地域コミュニティロンドン・シティが今後の市民軍の維持をも見据えて、まずはその戦死者を追悼することからはじめなくてはならなかった「顕彰の場」であったと言えよう。そもそも、「ロンドン部隊記念碑」の設置された場はイングランド銀行やその他金融機関に囲まれたロンドン金融市場の中核に位置する場である。「悲しみの場」では済まされない、市民軍の維持を前提とした地域社会による「顕彰の場」であった。ここには、イギリスの強烈な「市民的愛国心」が溢れているように思えてならない。

注

（1）ロンドンの戦争記念碑を丹念に分析した研究に、Mark Connelly, *op. cit.*があるが、地域社会との関係で論じられており、必ずしも、金融機関の戦争記念碑に焦点を当てているわけではない。

（2）第二章を参照。

（3）金融市場としてのシティについては、これまでの研究を整理して、今後の方向性を提示した比較的近年の研究には、R. Michie and Ph. Williamson (eds.), *The British Government and the City of London in the Twentieth Century*, Cambridge University Press, 2011がある。特に第一章は、イギリス経済史、イギリス史の文脈においてシティ金融市場の研究動向を知るために有益である。

（4）"Memorial Services. British Bank Employees," *The Times*, Thursday, February 27, 1919, p. 13.

（5）"Bank Heroes," *The City Press*, Saturday, December 21, 1918, p. 3.

（6）"Bank Memorial Service," *The City Press*, Saturday, February 22, 1919, p. 3.

（7）"War Memorial in a Bank," *The City Press*, Saturday, June 12, 1920, p. 7.

（8）"Memorial Service. Employees of the Bank of England," *The Times*, Monday, April 14, 1919, p. 16.

（9） Ibid.

（10） "Notes and Comments," *The City Press*, Saturday, April 19, 1919, p. 4.

（11） "City Firm's Memorial Service," *The City Press*, Saturday, March 22, 1919, p. 3.

（12） Ibid.

（13） *The City Press*, Saturday, May 24, 1919, p. 4.

（14） Bank of England Archive（M5/712）.

（15） R. Roberts and D. Kynaston, *The Bank of England: Money, Power and Influence 1694-1994*, London, 1995（浜田康行、宮島茂紀、小平良平訳『イングランド銀行の三〇〇年――マネー、パワー、影響』東洋経済新報社、一九九六年）.

（16） Bank of England Archive（M5/712）, p. 1.

（17） Ibid., p. 154.

（18） Ibid., p. 1.

（19） Speech made by Mr. Wilfred Bryant at a General Meeting of the Staff in the Court Room of the Bank on 18th February 1919 in presenting the Report of the Provisional Committee re the Bank Memorial to our Colleagues fallen in the War（Bank of England Archive, M5/712, pp. 5-9）.

（20） Ibid., p. 5.

（21） Ibid., p. 6.

（22） Ibid., pp. 6-7.

（23） Ibid., p. 8.

（24） Ibid.

（25） "Bank of England Memorial," *The City Press*, Saturday, October 9, 1920, p. 8.

（26） "In the City. Tribute of Business World," *The Times*, Saturday, November 12, 1921, p. 6.

（27） "The Bank of England," Ibid.

(28) "Midland Bank," Ibid.

(29) *The Times*, Friday, March 3, 1922, p. 16.

(30) "Lord Balfour at the Stock Exchange. War Memorial unveiled." *The Times*, Friday, October 28, 1922, p. 7.

(31) Ibid., p. 14.

(32) "Royal Fusiliers' War Record. Ceremony at Holborn Barz," *The Times*, Friday, November 6, 1922, p. 11.

(33) Ibid.

(34) "Casualties. Royal Fusiliers' War Memorial." *The City Press*, Saturday, April 5, 1919, p. 2.この記事には、記念碑設立の呼びかけは、一九一九年の早い段階でなされ、郷土防衛部隊の本部の責任で寄付が呼びかけられていることが分かる。

(35) "Royal Fusiliers' Memorial. Impressive Ceremony at Holborn Bars," *The City Press*, Saturday, November 11, 1922, p. 11.

(36) "Royal Fusiliers' Memorial," *The City Press*, Saturday, November 18, 1922, p. 5.

(37) "In the City. Impressive Service," *The Times*, Monday, November 13, 1922, p. 7.

(38) P・J・ケイン、A・G・ホプキンズ著（木畑洋一、旦祐介訳）『ジェントルマン資本主義の帝国――危機と解体1914～1990』名古屋大学出版会、一九九七年。

第4章

現代に引き継がれる第一次世界大戦の戦死者追悼式典

はじめに

ロンドン地下鉄のバンク駅を降りて王立取引所前の出口から地上に出ると、正面に王立取引所のギリシア様式のファサードに一体化するように「ロンドン部隊記念碑」が建つ。この記念碑についてはすでに第二章で詳しく論じた。記念碑は「一九一四〜一九一九年の大戦において王と帝国のために従軍したロンドンの士官、下士官、兵士の名誉のために」、「ロンドンのシティ及びカウンティによって誇り高く感謝の意を表して」一九二〇年一一月一二日に除幕された。その後、第二次世界大戦後に、「一九三九〜一九四五年の戦争でロンドンのシティ及びカウンティのすべての部隊に従軍した男女に栄誉を捧げ、追悼する」という銘文が追加された。記念碑は王立取引所を背に、右手にはイングランド銀行、その前方の交差点の向こうには、ロンドン・シティの市長「ロード・メイヤー」の公邸である「マンション・ハウス」が見渡せる。世界の金融センターであるシティの経済的政治的中枢に位置する。

筆者は、二〇一七年一一月一二日日曜日にロンドン部隊記念碑の前で挙行されたシティの戦死者追悼式典を実際に観察する機会を持った。本章では、実際に体験した追悼式典を、その前日の「ロード・メイヤーズ・ショウ」とともに、詳しく紹介したい。また、その時の式典で捧げられた赤いポピーのリースの写真画像から、どのような組織が式典に参加してリースを捧げたのかを分析し、ロンドン・シティというある意味では特殊な地域社会においてロンドン部隊記念碑とそこでの追悼式典がどのような意味を持ってきたのか、考察したい。

図4－1　式典前の王立取引所前広場

筆者撮影.

1　二〇一七年一一月一二日の追悼式典

それでは、ロンドン部隊記念碑前で挙行された現代の追悼式典を観察してみよう。その際、王立取引所前広場において、式典に参加する集団がどのような順序で集まったのか、またどのような位置に配置されたのか、に注目する。

式典の一時間半程前の王立取引所前広場には数人の兵士が控えていたが、広場には自由に出入りできた（図4－1）。一一時少し前に一般の人々は警察官によって追い出された。図4－2のように、一一時五分前に兵士たちが王立取引所前に整列して、記念碑の背面から敬礼をした。向かって左側に士官、右側に数名の兵士が見える。その間には、歴史的な服装を着た槍兵と銃士が控えている。この槍兵と銃士は本来、市長であるロード・メイヤーの護衛であり、現在では「オナラブル・アーチレリ・カンパニー」の退役軍人が、その儀礼的な役割を果たしている。

この「オナラブル・アーチレリ・カンパニー」という組織は、一五三七年にヘンリ八世から、「セントジョージ兄弟団（ギルド）」と呼ばれたロンドン市民に、「当時『長弓、弩および手銃』を意味したアーチレリの科学を促進する特許状」が与えられたことに起源を持ち、その後一六四一年に同カンパニーは、シティのすぐ北側のフィンズベリーの「バンヒル・フィールズ」に練兵場を獲得し、そこではピューリタン革命の内乱期にロンドン・シティの民兵が訓練を受け、兵器庫や兵舎が建設された（練兵場、兵舎は現在も存在する）。その後、歩兵連隊が同カンパニーに加わり、第一次世界大戦直前には一個歩兵大隊と二個砲兵中隊から構成され、一九一四年九月に一個歩兵大隊が前線に送られ、新たな歩兵大隊が招集されている。第一次世界大戦後は、動員解除に際してその退役軍人を「シティ・オブ・ロンドン警察軍」としてシティの治安部隊として雇用した経緯がある。現在では、陸軍の予備軍を構成し、シティ警察とも関係をもちながら、慈善団体としても幅広い活動をしている。(1) その部隊の維持費用の一部はシティが実質的に負担していると考えられる。このように、ロンドン・シティにとって「オナラブル・アーチレリ・カンパニー」は地元の市民軍として現在でも重要な役割を果たしている。

図4－2　「ロンドン部隊記念碑」に敬礼する兵士たち
筆者撮影.

さて、追悼式典に戻ると、この「オナラブル・アーチレリ・カンパニー」のメンバーによる敬礼の後しばらくすると、追悼式典に参加する様々な集団が記念碑前の広場に集まり始めた。最初に、**図4－3**のように、小学生低学年に相当する子どもたち、緑色のトレーナーを着るカブスカウトと水色のトレーナーを着るビーバースカウトの子どもたちが集まって来た。世代を越えた記憶の継承のため、子供たちをあえて追悼式典に参加させていると考えられる。

図4－3　式典に参加する子供たち

筆者撮影.

図4－4　正装の男女が王立取引所階段に整列する

筆者撮影.

このあと、図4－4のように王立取引所正面の階段には、シティの関係者と思われる正装した男女が集まる。階段左側には、正装した市民が三々五々集まった。階段右側には、マンションハウスからまとまってやって来たやはり正装の市民が整列した。こちらの男性の多くは「トップハット」を身につけている。シティの古くからのギルドは、現在でも慈善団体として活動し、シティの関係者が代表を務めている。彼らが参列していると考えられる。

マンションハウスが背景に写っている**図4－5**では、軍楽隊が手前の通りを行進して来た。この軍楽隊は熊の毛で作られた「ベア・スキン・キャップ」をかぶっている。一見すると近衛連隊（ガーズ）のように見えるが、ガーズはキャップに赤、白などの羽根を付けるが、この部隊のキャップには羽が付いていないので、「オナラブル・アーチレリ・カンパニー」の軍楽隊であると判断できる。同部隊の軍楽隊も「ベア・スキン・キャップ」の着用を認められているからである。この軍楽隊はこのあと王立取引所前の階段中央奥に控える。

次の図４－６では、比較的若い兵士たちが行進して来た。シティに関係する現役の予備軍であることは確実であり、やはり「オナラブル・アーチレリ・カンパニー」の現役の兵士も含まれると考えられる。この写真では、ロンドン部隊記念碑の周囲に兵士たちが集まることによって、記念碑の兵士像の存在感が増すことに注意して欲しい。白い大理石の記念碑そのものが、市民や軍人の濃い色の服装の中でますます引き立つのである。このあと、年配の退役軍人たちがそれぞれの組織の旗を持って行進して来た。

最後に、ロンドン・シティの市長である「ロード・

図４－５　軍楽隊の到着．背後にはマンション・ハウスが見える．

筆者撮影．

図４－６　「ロンドン部隊」兵士の行進

筆者撮影．

図4－7　ロード・メイヤーたちの整列

筆者撮影.

メイヤー」と、シティの治安責任者である「シティ・マーシャル」が、先に紹介した「オナラブル・アーチレリ・カンパニー」の槍兵と銃士に警護されて、マンションハウスから行進して来て、記念碑正面に向かい合う位置に控えた。図4－7の真っ赤な（写真では淡い色の）伝統的な衣装を着た二人のうち左手がロード・メイヤー、右手がシティ・マーシャルである。軍楽隊による国歌の演奏ののち、市長がリースを捧げ、その後、各予備軍の代表、退役軍人組織の代表、青少年団体の代表などがリースを捧げた。どのような団体がリースを捧げたかは、このあと分析する。なお、写真では、手前の自動小銃で警備する武装警官が気になる。この年はロンドン・ブリッジで自動車が歩道に乗り上げて歩行者を死亡させる「テロ」があったこともあり、このような厳しい警備になったと推察できる。また、これまでの写真から周りには多くの観客が集まっていることも分かる。

式典が終了すると、軍楽隊や兵士たちは整然と行進して退出した。市民たちは三々五々解散し、赤いリースが捧げられたロンドン部隊記念碑を背景に記念撮影をする人もいる（図4－8）。いずれも、胸にメダルを下げているので、軍隊経験者と分かる。こうして、ロンドン部隊記念碑周辺は再び静まりかえった。

2　現代の追悼式典で捧げられたリースと「ロード・メイヤーズ・ショウ」

追悼式典で捧げられたリースはしばらくそのまま置かれるので、それらを分析することで、どのような団体や個人がリースを捧げたかが判明する。筆者は式典の翌日、すべてのリースを写真に収めた。その画像から団体名を特定して一覧表に整理したのが表4－1である。表4－1には、団体をカテゴリーに分類して英語表記と日本語訳で団体名を掲載し、手書きのメッセージも復元して掲載した。リースが捧げられた記念碑の位置も重要と考え、それぞれのリースが記念碑のどの位置に捧げられたのかについても備考欄に明示した。また、前日に二つのリースがすでに捧げられていたが、それらには「前日から」と備考欄に明記した。なお、団体名は写真から判読しづらいものもあったが、手書きのメッセージやそれぞれの組織のシンボルから可能な限り特定した。その結果、市民的組織三、予備軍一三、退役軍人組織七、救急組織三、青少年組織三、その他一に分類した。

追悼式典前日の一一月一一日土曜日にはシティで「ロード・メイヤーズ・ショウ」が行われた。これは、毎年、「追悼日

図4－8　式典終了後に記念撮影する，メダルを身に付けた市民兵

筆者撮影.

表4－1　ロンドン部隊記念碑に捧げられたリース（2017年11月12日）

	団体名		メッセージ	備考
市民的組織	市長および ロンドン・シティ自治体	The Lord Mayor and the City of London Corporation	In Memoriam The Rt. Hon.The Lord Mayor and the City of London Corporation	正面・中央上
	イングランド銀行	Bank of England	For and on behalf of the Governor and company of the Bank of England	背面・中央下
	ロンドン・シティ警察	City of London Police	In Memory of those members of the City of London Police who died during the Two World Wars	正面・右下
予備軍	オナラブル・アーチレリ・カンパニー法人	Corporation of the Honourable Artillery Company	In Memoriam Corporation of the Honourable Artillery Company	正面・左下
	第71（ロンドン・シティ）義勇通信連隊	71th (City of London) Yeomanry Signal Regiment		正面・中央右下
	第101（ロンドン・シティ）野戦騎兵大隊（爆発物処理）	101 (City of London) Field Squadron (EOD)	We Will Remember them ... Field Squadron (EOD) 101 (City of London) Field Squadron (EOD)	正面・左上
	ロンドン連隊	The London Regiment	We Will Remember them From Commanding Officer and all Ranks The London Regiment	左側面・上
	情報軍団 第3軍事情報大隊	Intelligence Corps 3 Military Intelligence Battalion	In memory of those who made the ultimate sacrifice whilst army with the Intelligence Corps, from The Commanding Officer and All Ranks. 3 Military Intelligence Bn	左側面・下
	F（ライフル）ロンドン中隊	F (Rifles) Company Londons	To the glorious memory of the men and women who fell in the services of their country Great War 1914-1918 Their Name liveth for evermore	背面・中央上
	ウェストミンスター竜騎兵部隊	Westminster Dragoons	In memory of our those in the... Westminster Dragoons who gave their lives in pursuit of peace "We wil remember them"	背面・中央下
	ウェストミンスター竜騎兵部隊	Westminster Dragoons	In recognition of the supreme sacrifice of ... the way ... of any Westminster Dragoons fears	背面・左下（前日より）
	第256ロンドン野戦病院	256 Field Hospital London	From all members 256 City of London Field Hospital RAMC	正面・右上
	第256ロンドン野戦病院	256 Field Hospital London	Remembering all those who went before us and gave us so much From all members past and present 256 Field Hospital London	右側面・下
	第600ロンドン・シティ飛行隊	600 City of London Squardron	The Officers and other ranks of 600 (City of London) Sqn	背面・右上
	H.M.Sプレジデント（ロンドン）	HMS President (London)		右側面・下（海軍予備軍の訓練施設）
	英国海兵隊予備軍	Royal Marines Reserve	（記章から英国海兵隊予備軍であることが判明、部隊名は不明）	右側面・上
退役軍人組織	オナラブル・アーチレリ・カンパニー退役軍人協会	Old Comrades' Association Honourable Artillery Company	In Memoriam	背面・右上
	ロンドン退役軍人協会連合会	The Federation of Old Comrades' Associations of London	In Memoriam The Chairman and Members of the Federation of Old Comrades' Associations of London	正面・中央左上
	ロンドン・セントパンクラス退役軍人協会	London St Pancras Old Comrades Association	In memory of all those who lived with 19th London Regiment and later the amalgamated units, especialy all those who died in the service of their country, and particularly all those who died in 1917. "We will remember them."	背面・左下
	アーティスト・ライフルズ協会	Artists Rifles Association	From the Council and Members of the Artists Rifles Association We will remember them	左側面・下（前日より）
	第1サリー・ライフルズ協会	First Surrey Rifles Association	First Surrey Rifles Association "We Will Remember Them" 12th November 2017	背面・左下
	ロンドン・シティ予備軍および候補生協会	The City of London Reserve Forces's and Cadets' Associations	In Memoriam The Chairman and Members of The City of London Reserve Forces' and Cadets' Associations	正面・中央左下
	ロンドン商船協会	London Merchnt Navy Association		背面・中央中
救急組織	救急看護義勇騎兵団	First Aid Nursing Yeomanry (Princess Royal's Volunteer Corps)	The FANYs of today remember with pride and honour the FANYs of younger year	背面・左上
	英国看護協会	Royal Collage of Nursing		背面・中央下
	聖ヨハネ救急隊	St John Ambulance	On behalf of all St John Ambulance of Priory Members in Greater London	背面・左下
青少年組織	ロンドン・シティおよび北東地区陸軍候補生部隊	City of London and North East Sector ACF[Army Cadet Force]	May We will remember City of London and North East Sector ACF	背面・右下
	第329（フィンズベリ）飛行中隊	329 (Finsbury) SQN	Lest We Forget From the Cadets & Staff of 329 (Finsbury) SQN	正面・左下
	第1ロンドン・シティ（ロード・メイヤー所属）スカウト団	the 1st City of London (Lord Mayor's Own) Scout Group	Will grateful thanks to those who gave their lives for our freedom	背面・右中
その他	アヒア	Ahier	Kensington … In memoriam Ahier	正面・中央（大きなリース）

出典：図4－23ほか筆者が撮影した写真から復元した．

曜日」の前日の土曜日に開催されるロンドン・シティの市長「ロード・メイヤー」の就任パレードである。図４－９の写真で馬車に乗っているのが新市長である。パレードには、シティの役職のほか、シティに関連する予備軍部隊も登場する。装甲車や戦車、実戦装備した兵士たちが行進する。表４－１に掲載した予備軍部隊や看護部隊、青少年組織の主なものについて、このパレードの際の写真からも分析する。

図４－９　ステート・コーチに乗るロード・メイヤー
筆者撮影.

図４－10　オナラブル・アーチレリ・カンパニーの将校たち
筆者撮影.

市民的組織

市民的組織としては、ロンドン・シティ・コーポレーションとロード・メイヤーのリース、イングランド銀行のリースが捧げられている。シティにおけるイングランド銀行の特別な位置を示している。ロンドン・シティ警察について

図４－11　行進するオナラブル・アーチレリ・カンパニーの兵士たち
筆者撮影.

図４－12　オナラブル・アーチレリ・カンパニーの軍楽隊
筆者撮影.

は、そのメンバーが予備軍経験者と重なる可能性を確認したい。第一次世界大戦直後「オナラブル・アーチレリ・カンパニー」予備軍の動員解除とともに、そのメンバーの一部を「シティ・オブ・ロンドン警察隊」として採用している。その伝統は今も続く。(2)

予備軍

次の予備軍には、ロンドン・シティあるいはカウンティとこれまで密接なつながりを持ってきた部隊が含まれている。

何よりもオナラブル・アーチレリ・カンパニー（頭文字をとってＨＡＣと略称で呼ばれる）である。図４－１、図４－

2、図4－3の写真は、「ロード・メイヤーズ・ショウ」における現代のHACの写真である。上から士官、兵士、軍楽隊であり、このイベントの最後に行進するところからも、シティとの結びつきが理解できよう。この予備軍は、ロード・メイヤーの護衛部隊という儀礼的役割を持ちながらも、ロンドン周辺で招集される予備軍として、イラクやアフガニスタンなどにも配備される実戦部隊である。また、HACの軍楽隊は写真のようにガーズとともに、「ベア・スキン・キャップ」をかぶっている。図4－12の軍楽隊の楽譜の裏面にある連隊記章からHACであることが確認できる。

図4－13　第101野戦騎兵大隊

筆者撮影.

図4－14　ロンドン連隊

筆者撮影.

第七一（ロンドン・シティ）義勇通信連隊と第一〇一（ロンドン・シティ）野戦騎兵大隊（爆発物処理）は、シティをリクルート拠点とする予備軍であり、ロード・メイヤーズ・ショウでは、戦場での装備を観客に提示している。図4－13の写真

図4－15　第7ライフル部隊

筆者撮影.

は第一〇一野戦騎兵大隊であり、現代の騎兵部隊は装甲車で任務を行っていることが写真から分かる。

次の「ロンドン連隊」London Regiment(3)は、かつての伝統あるロンドン連隊の名称を引き継ぎながら、グレーターロンドンでリクルートがなされる予備軍歩兵部隊である（図4－14）。近衛師団Guards Division に属する唯一の予備軍であり、正規軍Regular に次ぐ位置を与えられていることからも、ロンドン連隊の歴史的重要性が陸軍によって認められていることが分かる。

F（ライフル）ロンドン中隊は、二〇一七年に「ロンドン連隊」に復帰し、現在に至っているが、二〇一七年の式典では、ロンドン連隊とは別にリースを捧げたことになる。この部隊も、予備軍であり、それぞれの職業を持つ人がパートタイムで訓練や任務に参加する。本部はロンドン西部のハマースミスにあり、ロンドンを中心にリクルートが行われている。図4－15の写真は「セブン・ライフルズ」で、別の部隊であるが、軽歩兵部隊の装備が分かる。

ウェストミンスター竜騎兵部隊は、現在では、陸軍の王立騎兵部隊を構成する予備軍で、戦場において軽装甲車を使って主に偵察活動を行う部隊である。第一次世界大戦時には、文字通り騎兵部隊であった。また、この部隊も志願制に基づく予備軍であるが、海外にも展開し、直近ではイラクに配備されている。「ウェストミンスター」の称号は、ウェストミンスター市議会から贈られ、現在まで使用されている。ロンドン部隊記念碑の背面にも、その名称が刻まれている由緒ある部隊である。式典の前日にはすでにリースがあったが、さらに式典によってその代表から捧げられ、表4－1には二つのリースがある。

第二五六ロンドン野戦病院も二つのリースを捧げているが、メッセージを読むと、ロンドン・シティ部隊が別のリースを捧げていることが分かる。図4－16の写真のようにこの野戦病院は、イギリス軍の正式な野戦病院予備軍部隊である。

図4－16　第256ロンドン野戦病院

筆者撮影.

次の「第六〇〇ロンドン・シティ飛行隊」は、グレーターロンドン西端に位置するノーソルト基地に所属し、常設統合司令部というイギリスの三軍の統合司令部の支援業務を行う地上勤務の予備軍「飛行隊」Squadron で、人員をグレーターロンドンから募集している。ノーソルト飛行場はすでに第一次世界大戦期に存在し、第二次世界大戦中はロンドンに最も近い空軍基地として重要な任務を果たした(4)。

「H.M.Sプレジデント（ロンドン）」は、現在は、タワーブリッジよりテムズ川下流のセント・キャサリン・ドック側にある、英国海軍予備軍の陸上施設である。元々は、一八六二年以来セント・キャサリン・ドックに同名の訓練船が係留され、陸上施設を含めて海軍予備軍の施設として使われていた。二代目の同名の艦船は現在では民間に払い下げられ、別の場所でイベント船としてテムズ川に係留されている。この海軍予備軍もロンドンを中心にリク

図４－17　英国海兵隊コマンド部隊

筆者撮影.

図４－18　ロンドン退役軍人協会連合会によるリースの献呈

筆者撮影.

ルートが行われている。(5)

なお、英国海兵隊予備軍は、リースの画像の連隊記章の一部から判断した。部隊名までは判読できなかった。(6) 図４－17は、英国海兵隊コマンド部隊正規軍である。

以上のように、ロンドンに基盤を置く陸海空軍の予備軍がリースを捧げていたことになる。その中でも歴史的な名称を引き継ぐ現在の部隊がリースを捧げたのである。前日に行われた「ロード・メイヤーズ・ショウ」では、様々な部隊が、若者のリクルートを意識して、実戦で使用する武器を装備して車両とともに笑顔でパレードしていたのが印象的である。

退役軍人組織

表４－１に戻ると，第三に様々な退役軍人組織がリースを捧げている。「オナラブル・アーチレリ・カンパニー」の退役軍人組織以外の部隊は，その後の部隊の統合・削減によって，現役の予備軍としては存在しない大隊名が登場する。「セントパンクラス」，「アーティスト・ライフルズ」，「第一サリー・ライフルズ」がそれである。この三つは，第一次世界大戦期から戦後にかけて「ロンドン連隊」の一部として存在してきた大隊である。その名称は，ロンドン部隊記念碑の背面に記録されている。(7) かつて存在した大隊名を伴う退役軍人協会が多数存在し，シティの追悼式典でリースを捧げているところに，市民の志願制に基づく予備軍のシティにおける受容を示していると解釈できよう。図４－18の写真は，「ロンドン退役軍人協会連合会」という退役軍人協会の連合組織の代表がリースを捧げているところである。年配の男性であるところが印象的であり，また，記念碑正面に捧げていることからも，この団体が少なくとも追悼式典で上位に置かれていることが分かる。なお最後の「ロンドン商船協会」は，民間の船舶で戦時に物資や兵員の輸送に関わった民間船員を「マーチャント・ネイビー」として顕彰し，その死亡者を追悼すると同時に，その経験者の厚生組織でもあり，退役軍人組織と同様な機能を果たしている。

図４－19　応急看護義勇騎兵団の女性騎馬隊

筆者撮影.

図4－20　応急看護義勇騎兵団の看護衣装のスタッフ

筆者撮影.

図4－21　聖ヨハネ救急隊

筆者撮影.

救急組織

「応急看護義勇騎兵団」は、一九〇七年に結成された慈善団体で女性のみで構成され、看護と諜報活動を行う部隊である。第一次世界大戦では、救急部隊として死体や傷病兵の輸送に活躍し、当初イギリス軍は彼女らの戦場での活動に批判的であり、フランス軍地域で活躍したが、次第にイギリス陸軍にも認められた。(8)「ロード・メイヤーズ・ショウ」では、図4－19の写真のように真紅の騎兵の伝統的衣装を着用した女性騎馬隊を先頭に、通常の制服を着用したメンバーや看護衣装のスタッフが行進した（図4－20）。図4－19の写真の右端には部隊のカーキ色の制服を着た女性が先導する。

もう一つの「聖ヨハネ救急隊」は、産業労働者に応急処置を教えて職場での事故に対応しようとして一八七七年に設立された聖ヨハネ救急協会と、公共イベントでの応急処置と救急活動のために一八八七年に設立された聖ヨハネ救急部隊とが、一九六八年に合併して成立した慈善団体である。(9) 図4－21の写真のように、子供たちが多数参加するボランティア団体として「ロード・メイヤーズ・ショウ」に参加している。

青少年組織

表4－1の青少年組織には、陸軍と空軍に関係する二つの研修生部隊（カデット）がリースを捧げている。これらはいずれも一二～一八歳の青少年の研修生部隊であり、軍事訓練を含んだ野外活動を主に行うもので、三つめのスカウトと同じような活動を行うが、カデットは、陸軍や海軍など対応する上部組織から資金が提供されている。図4－22の写真は陸軍のカデットであるが、迷彩服を着ており、ホームページには、兵器を扱う写真も掲載されている。ミニ

図4－22　陸軍研修生部隊（カデット）

筆者撮影.

図4－23 「ロンドン部隊記念碑」に捧げられたリース

筆者撮影.

ライフルの扱いを子供たちに教えることがその中心的活動となっている。(10)

表4－1の「その他」の欄にある大型のリースには、「アヒア」という個人名が手書きされたメッセージカードが添えられている（図4－23の左下に写る）。その右手のリースはロード・メイヤーのものであり、リースの捧げられた位置から判断すると、重要な人物と思われる。またカードには「ケンジントン」という地名が見えるので、「ロンドン連隊」の「第一三大隊（ケンジントンズ）」の退役軍人本人が招待されて捧げたと解釈することもできる。

おわりに

以上の分析から、二〇一七年一一月一二日日曜日に実施されたロンドン部隊記念碑前の追悼式典は、ロード・メイヤーを始めとしたシティの有力者、ロンドンに関係の深い現役の予備軍、退役軍人、関係の青少年組織が参加する、ロンドン・シティの追悼式典であったことが理解できよう。後半の分析からは、その前日に行われた「ロード・メイヤーズ・ショウ」と一体として運営されていたとも言えよう。当初筆者は、この式典は市民的要素よりも軍事色の強い愛国心を喚起する式典であると理解していたが、本稿を仕上げる過程で、捧げられたリースを詳しく調べていくうちに、いずれも正規軍ではなく予備軍として市民が一定期間参加する部隊であることが次第に分かってきた。それぞれの予備軍は、カデットという青少年育成のための組織を持ち、スカウトのように青少年に対して社会とつながるような活動を提供しながら、若者をリクルートしていることが分かった。また、予備軍を経験することで、シティ警察とのつながり、さらには、カデットを通じての子供たちへの働きかけなど、多様なコミュニティー活動とつながっていることも分かった。予備軍の装備を含めた部隊の活動に、シティの豊富な資金がチャリティーを通じてつぎ込まれているとも想像できる。

とりわけ、ロンドン・シティはこのような予備軍を通じたコミュニティー活動に対して資金的な援助を含めて、積極的であることが確認できたし、ロンドン部隊記念碑前での現代の追悼式典がそのような役割を演じていることも理解できよう。ただし、ロンドン・シティは基本的にオフィス街であり、居住する住民は限られているので、現在ではグレーターロンドンから兵士のリクルートがなされている。しかし、第一次世界大戦期は、印刷所や金融機関その他に雇用された人々が一定数居住していた。あるいは、職場を通じてシティの連隊に参加する者も多くいたことも知られている。

その上で、シティが政治的には保守的なコミュニティーであることを確認しておきたい。政治的に保守的な傾向を持つ退役軍人組織の関わりからも理解できる。現代のロンドン部隊記念碑での追悼式典にはあまり登場しない「グレーターロンドン」市との関わりについて、今後検討が必要であると考えている。一九二〇年の除幕式では、シティとカウンティとの協力関係が存在していたが、現代の追悼式典からはそのことはまったく見られない。おそらく、サッチャー政権時代に一時廃止されていた「グレーターロンドン」市が政治的には労働党の地盤であり、そのことが現代のシティの追悼式典にも関係していると予想される。

注

（１）　https://hac.org.uk/who-we-are/regiment（二〇二一年三月八日）。
（２）　https://hac.org.uk/where-we-come-from/history/1914-1946（二〇二一年三月六日）。
（３）　https://www.army.mod.uk/who-we-are/corps-regiments-and-units/infantry/london-regiment/（二〇二一年三月六日）。

（4）https://www.raf.mod.uk/our-organisation/squadrons/600-r-squadron/（二〇二一年三月八日）。

（5）https://www.royalnavy.mod.uk/our-organisation/maritime-reserves/royal-naval-reserve/units/president（2021年三月九日）。

（6）https://www.royalnavy.mod.uk/our-organisation/maritime-reserves/royal-marines-reserve（二〇二一年三月九日）。

（7）吉田正広「ロンドン部隊記念碑の除幕式と新聞資料」『資料学の方法を探る』二〇二一年三月。

（8）https://www.fany.org.uk/（二〇二一年三月九日）。

（9）https://www.sja.org.uk/what-we-do/our-history-heritage-and-museum/timeline/（二〇二一年三月九日）。

（10）https://armycadets.com/what-we-do/fieldcraft/（二〇二一年三月九日）。

あとがき

筆者はこの一〇年ほど、ロンドン・シティをはじめ、イースト・ロンドンの戦争記念碑を求めて、現地に赴いて可能な限り記念碑の周辺の様子を含めて、記念碑を写真に納めてきた。もちろん、現地での文献調査にも赴いた。以前は British Library でのんびりと文献資料を読み込んだこともあったが、この研究は、ロンドンの様々な記念碑を求めて地図を頼りに訪ねることが第一の前提となった。もちろん、一一月一一日のリメンバランス・サンデイのセノタフでの式典にも参加してきた。そのような調査を進めるうちに、ロンドン・シティの追悼式典にこだわるようになった。二〇一九年末は、ロンドンのシティにあるギルドホール・ライブラリーにも通って、『ザ・シティ・プレス』のマイクロ版を自由に使うことができた。これは、貴重な体験であった。ホテルのあるラッセル・スクェアからギルドホール・ライブラリーまで毎日歩いて通うことで、シティの活気にも直接触れることができた。

そもそもシティの戦死者追悼に興味を持ったのは、筆者の西洋史研究の出発点がイギリス金融資本の研究だったからでもある。特に一九二〇年代一九三〇年代の金融政策を、研究書を頼りに、また、『マクミラン委員会報告書』とその証言録を資料に、かなり経済思想に分け入った研究に入り込んでいた。その時の努力はあまり日の目を見ないままであったが、改めてシティの重要性を認識した。

愛媛大学法文学部人文学科に職を得てからは、人文学系の学生を教えながら、次第に私自身の研究も変化してきた。イギリスの福祉国家の成立とイギリス国教会の関係に興味を持ち、第二次世界大戦期にカンタベリー大主教を務めたウィリアム・テンプルの福祉国家を肯定する宗教的理念について研究するようになった。この間、愛媛大学では「四国遍路と世界の巡礼」研究会に参加することになり、イギリスの「巡礼」について、あれこれ調べなくてはならなくなった。地方国立大学に籍を持つと、自分の専門研究を進めるだけでなく、地域の歴史研究にも関心を持たざるを得なくなった。そのような中で見つけた研究テーマが、第一次世界大戦後におけるイギリス人の「戦争墓巡礼」であり、それと密接に関係する「セノタフ巡礼」であった。ベルギーのイープルにもロンドンから列車とフェリーを乗り継いで二日かけて調査に行ったこともある。それは第一次世界大戦のかつての戦場であり、また、イギリス人の戦争墓も体験した。以上のような筆者の研究歴の延長線上に本書がある。このような愛媛大学法文学部での様々な分野の教員との、さらには遍路研究で知り合った歴史や文学、社会学の研究者との出会いの結果でもある。

本書は、現地調査と新聞資料にこだわったつもりである。周到な方法論があったわけではなく、むしろ、研究を進める中で、様々な方法を学びつつ、本書に結びついた。結果としては、戦争記念碑に関わる事実関係だけを並べるのではなく、新聞の記事に現れた、場合によってはかなり感情的な文章も史料として利用し、感情にも言及したつもりである。それは、ウィンターの研究に出会ったからかもしれない。

結果として、イギリスでは、国家の追悼施設とされたセノタフが、様々な偶然の産物でもあり、また、それだけに、遺族の「悲しみの場」として、やがては退役軍人である「生者」による様々な権利要求の場になるに至った。もちろん国家は、「二分間の沈黙」から始まって、「無名戦士」の埋葬と「恒久的セノタフ」の建設を機に、一一月一一日の式典が国家主導のものに徐々になっていった。第二次世界大戦後は明らかにそうである。

しかしながら、その一方で、ロンドン・シティの「ロンドン部隊記念碑」には、ある意味軍国主義的な、しかも市民による愛国心、国家への奉仕、という観点が伴わざるをえない。当初私はそれほど意識しなかったのだが、特に第四章を執筆する中で、自由主義国家イギリスが持つ、義勇兵の伝統が大きな意味を持っているのではないかと考えるようになった。この点は本書では十分に解明することはできなかったが、一九〇八年のホールデンによる軍隊改革まで遡って検討する必要性を感じている。

本書の基になった論文は、主に『多文化社会研究』第一号（二〇一四年）から第八号（二〇二一年）に掲載されたものである。これは、愛媛大学法文学部人文学科（第四号からは人文学講座）の史学と文学の教員の共同研究という形で発行してきた「ミニコミ誌」である。今回本書にまとめることで初めて日の目を見ることになる。筆者は、本書にまとめるに際して、新聞記事をテキストとして活用することで、単に事実を追うだけでなく、当時の人々の心性や感情にも迫りたいと思った。「戦死者追悼の社会史」を目指したつもりであるが、成功しているかどうかは読者の判断に委ねざるをえない。

本書は愛媛大学の令和三年度法文学部人文学講座研究推進経費・出版助成の結果、出版に至ることができた。また、以前からお声をかけていただいた晃洋書房編集部の西村喜夫氏には、たいへんお世話になりました。厚く御礼申し上げます。

二〇二二年一月

吉田正広

人名索引

事項索引

〈ラ　行〉

《著者紹介》
吉 田 正 広（よしだ　まさひろ）
1956年横浜に生まれる
東京都立大学大学院人文科学研究科博士課程単位取得退学
現職，愛媛大学法文学部教授

主要研究業績

「マクミラン委員会における産業利害関係者の金融政策批判」『土地制度史学』27巻４号，1985年.「再建金本位制下のイギリスにおけるシティと産業問題――株式銀行家の株主総会演説を手がかりに――」『土地制度史学』32巻４号, 1990年.「1930年代イギリス『管理経済』論――A. ブースの『ケインズ的戦間期解釈』批判――」『千葉史学』21号，1992年.「1930年代イギリスの低金利政策とロンドン金融市場」『愛媛大学法文学部論集人文学科編』７号，2000年.「1930年代におけるイギリス労働党の『金融改革』構想とロンドン金融市場」伊藤正直他編『金融危機と革新』日本経済評論社，2000年.「社会改革における教会の役割に関するウィリアム・テンプルの見解」『愛媛大学法文学部論集人文学科編』17号，2004年.「戦争とイギリス国教会」松本彰，立石博高編『国民国家と帝国――ヨーロッパ諸国民の創造――』山川出版社，2004年.「ウィリアム・テンプルとシティ金融界――「教会は将来を展望する」運動を中心に――」『愛媛大学法文学部論集人文学科編』20号2006年.「第一次世界大戦期イングランド教会における『改悛と希望の国民運動』」『愛媛大学法文学部論集人文学科編』21号2006年.「イギリスにおける戦死者の追悼式典と赤いポピー」『四国遍路と世界の巡礼』第２巻，2017年.

翻訳書

D. キャナダイン（平田雅博，吉田正広訳）『イギリスの階級社会』日本経済評論社，2008年.C. A. ベイリ（平田雅博，吉田正広，細川道久訳）『近代世界の誕生――グローバルな連関と比較1780－1914――』名古屋大学出版会，2018年.

ロンドンにおける戦死者追悼と市民

——「民衆の巡礼」と「市民的愛国心」——

2022年３月10日　初版第１刷発行　　＊定価はカバーに表示してあります

著　者　吉　田　正　広©
発行者　萩　原　淳　平
印刷者　河　野　俊一郎

発行所　株式会社　晃　洋　書　房
〒615-0026　京都市右京区西院北矢掛町７番地
電話　075(312)0788番(代)
振替口座　01040-6-32280

装丁　野田和浩　　印刷・製本　西濃印刷㈱

ISBN 978-4-7710-3616-1